"La cantidad de rumores inútiles que una persona puede soportar es inversamente proporcional a su inteligencia".

Arthur Schopenhauer

(1788-1860, filósofo nacido en Polonia, aunque desarrolló toda su labor en Alemania. Fue uno de los filósofos más brillantes del siglo XIX y máximo representante del pesimismo filosófico).

ÍNDICE

Prólogo

La comunicación forma parte de nuestra vida social. Dentro de ella, los bulos, los rumores y las noticias falsas (*fake news*) componen una de las partes más importantes en algunos de los círculos sociales en los que nos desenvolvemos como humanos: empresas, familias, grupos de amigos... todos generan desinformación de forma consciente o inconsciente.

Estas herramientas utilizadas para desinformar deben ser conocidas desde una perspectiva teórica (cómo se generan, perfil de personalidad de los transmisores, cómo se cortan...) para poder atajarlos en la práctica.

Este manual recoge las teorías de los investigadores pioneros en la materia y añade los nuevos medios de comunicación de masas, el marketing viral y otras circunstancias que hacen de los bulos, los rumores y las noticias falsas unas herramientas peligrosas en personas irresponsables con mentes malvadas.

Se incluyen decenas de links para que el lector pueda profundizar en cada uno de los aspectos relacionados con la rumorología, tanto analógica como digital. Por ejemplo: acoso psicológico, calumnia, ciberacoso, fraudes científicos, noticias falsas, injurias, libertad de expresión, prejuicios, estereotipos, prensa amarilla...

Espero que sea de su interés. Gracias por su tiempo.

El autor, abril 2020

1. Introducción a la comunicación informal

El Rumor, del latín *rumor* (ruido confuso de voces) es uno de los procesos de comunicación menos estudiados, pero es una de las principales preocupaciones para las empresas. Por ello, para abordar este problema es necesario un enfoque multidisciplinar desde la Psicología Social, la Teoría de la Comunicación, la Historia de la Comunicación y la Sociología. Es lo que propone la investigadora del CEU San Pablo de Madrid, María Elena Mazo[1].

Junto a las comunicaciones convencionales de la organización, como la publicidad, las relaciones públicas y la comunicación interna, coexisten otras manifestaciones informales más espontáneas e independientes de cualquier mecanismo formal establecido por la propia organización. Un ejemplo son los rumores.

---

[1] Revista Opción, vol. 31, núm. 3, 2015, pp. 797-819

Por tanto, podemos decir que, en cualquier empresa u organización, existen dos redes de comunicación: formal e informal.

Pero ampliando el concepto, en cualquier grupo humano también existe comunicación. Al igual que en las organizaciones, esta comunicación puede ser formal e informal. La comunicación formal puede ser verbal o no verbal.

En las empresas, la comunicación formal suele transmitirse a través de reuniones, notas, informes, revistas internas, intranet corporativa...

La información transmitida a través de los canales formales de comunicación suele referirse a hechos pasados, que están pasando en estos momentos o muy próximos a ocurrir.

Por el contrario, la comunicación informal toma una única forma: el bulo o rumor. El rumor parte de una o varias personas y se transmite a través del boca-oído. Suele expresar o transmitir "suposiciones" que se retocan en función de los intereses de las personas que los inician o difunden.

El rumor es una herramienta colectiva de comunicación en la que una afirmación (general o específica) se presenta como verdadera, sin que existan datos concretos que permitan verificar su exactitud.

Los rumores son informaciones no confirmadas acerca de hechos (se enfatiza en "qué") o personas (es más importante "quién"). Se considera información no contrastada que, aunque no suele difundirse abiertamente, se extienden con mucha rapidez a través de canales informales de comunicación. A pesar de que suelen carecer de una fuente original bien definida, algunas personas se encargan de extenderlos sin control.

En sentido positivo, los rumores refuerzan las normas grupales y cohesionan los lazos sociales. Programas como "Gran Hermano" (2004-2011, Televisión Española) o "La isla de las tentaciones" o "Supervivientes" (2020, Telecinco) tuvieron o tienen miles de seguidores que diariamente se interesan por sus concursantes, provocando una serie de bulos o rumores en función de sus simpatías o antipatías personales.

Desde una perspectiva individual, tanto los bulos como los rumores pueden funcionar como una herramienta para construir y manipular las reputaciones, así como una manera de entretener la mente ante falta de estímulos más intensos.

Por tanto, podemos afirmar que los bulos y los rumores surgen cuando hay falta de información y se realimentan gracias a la ambigüedad, a la incongruencia y a la confusión que genera la información que se toma como punto de partida.

Algunos estudios concluyen que las noticias ambiguas, incongruentes y confusas se comparten un 70% más que las informaciones precisas, congruentes y claras, con muchas más probabilidades de ser reales[2], y, como se comparten más, también se propagan a mayor velocidad, tanto, que una noticia verdadera tarda seis veces más que una que no lo es en lograr el mismo alcance.

La Asociación de Internautas, grupo independiente de internautas que defiende los derechos de los usuarios de Internet, ha realizado un estudio independiente a 3129 internautas, demostrando que cerca de un 70% no sabe distinguir entre una información veraz y la falsa[3].

---

[2] https://elpais.com/elpais/2018/03/08/ciencia/1520470465_910496.html
[3] https://es.wikipedia.org/wiki/Bulo

Por esta razón, cierto tipo de bulos y rumores suelen ser más frecuentes en ámbitos rurales que en urbanos y en las organizaciones más estancadas que en las más innovadoras, donde todos los días sucede algo importante.

Alíen y Cohen[4] estudiaron la Estructura de la comunicación formal e informal en las organizaciones y, una de sus principales conclusiones, fue la comprobación de que los individuos que ocupan una posición central en la red de comunicación son los más informados. Por ejemplo, los asistentes de dirección de cualquier departamento, sobre todo, de dirección general.

En este sentido, Kapferer distingue en las organizaciones cuatro situaciones favorables para la génesis y el desarrollo de bulos y

rumores: confusión, crisis, desconfianza y desigualdad.

Para llegar a una o varias de estas situaciones desfavorables, la organización suele experimentar una serie de condiciones relacionadas con la información, a saber:

---

[4] Tesis doctoral de María Elena Mazo, 1996 – pág. 496

- Infrainformación. Se informa poco y de forma confusa y, en ocasiones, contradictoria.

- Desinformación. No se informa

- Sobreinformación. Se informa sobre cualquier tema, sea importante o trivial.

Siguiendo al mismo autor, también menciona otras condiciones que favorecen la aparición de bulos y rumores y que se relacionan con las personas o grupos afectados por el rumor:

- Lo que trastorna el orden establecido y afecta al individuo o al grupo al que pertenece. Por ejemplo, unos malos resultados en el área comercial afectarán al personal de esta área, más que al resto de áreas de la empresa.

- Las opiniones de las personas que sean consideradas referentes en las diferentes áreas de actividad: directores de departamento, políticos, artistas, deportistas...

- La transmisión rápida de hechos, influenciada por estereotipos o prejuicios del testigo. Por ejemplo, sobre los orientales que viven en nuestro barrio después del confinamiento debido al COVID-19.

Los bulos o rumores también pueden originar comportamientos negativos hacia otras personas porque afectan a las opiniones que nos formamos sobre los demás.

Esto significa que los bulos y rumores pueden tener una transmisión analógica o digital y que conciernen a hechos importantes para un determinado grupo, pero que no están plenamente confirmados y la información disponible es ambigua, insuficiente y, a veces, contradictoria.

Por otra parte, tienen un enorme potencial manipulador porque las personas tienden a ajustar su propia visión del mundo a la percepción de éste que tienen otras personas, sobre todo, si los consideramos líderes sociales.

Para la transmisión de los bulos y rumores se utilizan *confidentes* y *pregoneros.*

Los confidentes son personas que suministran información fiable a la red de comunicación (bien sea formal o informal). Una curiosa iniciativa, en este sentido, la llevó a cabo el ayuntamiento de Barcelona en 2014[5]. Consistía en formar a través de un curso de

---

[5] http://www.alertadigital.com/2014/02/19/el-ayuntamiento-de-barcelona-

150 horas lectivas, a unos mil ciudadanos voluntarios como "confidentes" de la policía. Estas personas debían centrarse en combatir los rumores contra los inmigrantes y perseguir a los pregoneros.

El objetivo final era obtener información rigurosa y objetiva para desactivar percepciones falsas de los ciudadanos autóctonos como que los inmigrantes monopolizan las ayudas sociales, no pagan impuestos, reciben subvenciones para abrir comercios, colapsan las urgencias o abusan de los servicios sanitarios.

Con datos estadísticos objetivos y oficiales se pretendía invalidar cada uno de los bulos y rumores sobre los inmigrantes de la ciudad.

En estos momentos, participan en esta iniciativa una red de 65 entidades sociales, formando parte del "Plan de Interculturalidad" del consistorio para combatir "rumores negativos y sin fundamento que dificultan la convivencia en diversidad. Todo ello se enmarca en la Red Barcelona Antirumores[6], que nace en julio de 2010.

---

contara-con-mil-confidentes-en-las-calles-de-la-ciudad-para-combatir-los-rumores-contra-los-inmigrantes-y-perseguir-a-sus-autores/
[6] http://www.buenaspracticascomunitarias.org/buenas-practicas/17-red-antirumores-barcelona-direccion-de-servicios-de-inmigracion-e-

Actualmente, la Red se encuentra en pleno proceso de impulso e implementación de las acciones propuestas en el Plan de Acción, para lo cual cuenta con dos comisiones de trabajo:

- Educación y formación

- Sensibilización y medios de comunicación

Téngase en cuenta que en la ciudad de Barcelona hay 293.787 extranjeros censados (datos de 2018), de unas cien nacionalidades[7]. Sin censar, no hay datos.

Recordemos que los pregoneros son correos profesionales de rumores y que se utilizan en las organizaciones para sondear la reacción del personal, ya que las directrices que se difunden por la red informal de comunicación suelen ser más creíbles que las que aparecen publicadas en los medios de comunicación formal, en caso de que existan o se utilicen adecuadamente.

Para finalizar este apartado, recordemos las cuatro características que tiene la Comunicación

---

interculturalidad-del-ayuntamiento-de-barcelona.html
[7]
https://www.bcn.cat/estadistica/castella/dades/anuari/cap02/C020107.htm

Interpersonal para Watzlawick: totalidad, realimentación, equifinalidad y equicausalidad.

- Totalidad. Todas las partes de este sistema (emisor, receptor, mensaje, canal...) están interrelacionadas y un cambio en una de ellas provoca cambios en las demás.

- Realimentación. Cada mensaje provoca un nuevo mensaje.

- Equifinalidad. Idénticos bulos y rumores pueden tener un origen diferente. Distintas personas pueden originar bulos y rumores similares, sobre todo, si tienen los mismos intereses, expectativas y objetivos.

- Equicausalidad. El mismo origen puede desembocar en diferentes resultados. La misma persona puede originar distintos rumores conforme cambien las circunstancias.

A partir de ellas, podremos entender mejor las leyes fundamentales para la difusión del rumor que estudiamos en el siguiente apartado.

2. *Leyes para la difusión del rumor*

Los rumores siempre utilizan contenidos interesantes y ambiguos, que se relacionan directamente con su rapidez en la propagación: cuanto más interesantes y ambiguos sean los contenidos, con más rapidez se extenderá.

Otros autores como Chorus[8], incluyen el sentido crítico del receptor como un tercer factor fundamental a la hora de adoptar una actitud activa o pasiva en la reproducción del rumor.

Por tanto, la velocidad de propagación del bulo o rumor dependerá de tres factores: importancia, ambigüedad y sentido critico del receptor.

Velocidad de propagación = Importancia x Ambigüedad x Sentido crítico del receptor.

En relación con los dos primeros factores mencionados anteriormente, enunciamos las dos leyes

---

[8] María Elena Mazo, Tesis doctoral, pág. 497

fundamentales para la difusión del rumor: la ley de la Importancia y la ley de la Ambigüedad (sobre personas y/o hechos).

La Ley de la importancia dice que ante hechos irrelevantes NO surgen bulos o rumores. Estos surgen ante hechos interesantes para un colectivo determinado y sobre los que se posee información escasa o, si la hay, ésta es confusa y/o contradictoria.

Por ejemplo, ante la pandemia del Covid19 que puede afectar más profundamente a ciertos colectivos por edad (más de 60 años) y profesión (sanitarios, trabajadores de supermercados, policías, bomberos, UME...) cualquier bulo o rumor a través de redes sociales se comparte y se extiende en cuestión de segundos[9].

Ante la pandemia que estamos sufriendo en España y la sobreinformación a la que estamos expuestos, todos los días surgen remedios milagrosos, fármacos y vacunas contra la enfermedad.

¿Cómo se fabrica una noticia falsa?

_____

[9] https://maldita.es/malditobulo/2020/04/03/coronavirus-bulos-pandemia-prevenir-virus/

Las noticias falsas siempre han existido, pero hoy son más peligrosas como consecuencia de la viralización que consiguen las publicaciones en las redes sociales, especialmente en *Facebook*.

En 2018, se llevó a cabo una prueba utilizando la plataforma de creación de noticias falsas "12 minutos"[10] para comprobar el alcance que tiene un contenido falso[11].

La publicación "Sergio Ramos y Pilar Rubio: la infidelidad que pone en jaque la boda" era falsa, y ha sido lanzada desde la plataforma "12 minutos" para comprobar el alcance real de una noticia inventada.

Tras su difusión en las redes sociales a través de Crónica Directo, la noticia ha alcanzado a 171.000 personas, de las cuales 23.516 han hecho clic en la noticia y más de 150 han reaccionado (me gusta) en Facebook.

La plataforma "12 minutos"[12] ofrece la posibilidad, a cualquier usuario y sin registrarse (anonimato total), de crear una noticia falsa. Bajo el titular "Crea tu

---

[10] https://www.12minutos.com/
[11] https://cronicaglobal.elespanol.com/vida/manual-inventa-difunde-noticia-falsa_159761_102.html
[12] https://www.12minutos.com/

broma ahora", el portal web propone realizar una broma a los amigos y compartir la noticia en las redes sociales, aunque el contenido puede utilizarse para cualquier fin.

En el apartado "Tips para tu broma" la web explica que las noticias "sobre artistas y futbolistas famosos atraen a la gente". Propone utilizar imágenes libres y advierte: "Los autores de publicaciones que hagan apología sobre el terrorismo o que pudieran alterar el orden público se exponen a diligencias legales".

Con la cantidad de descerebrados que navegan por las redes sociales, este tipo de webs son una invitación a los bulos y rumores de todo tipo y en el que cualquiera de nosotros pueden ser objetivo.

La Ley de la Ambigüedad dice que los rumores no distinguen entre hechos y suposiciones (hechos no probados). Nos asombraríamos de la cantidad de suposiciones que, en la vida cotidiana, valoramos y tratamos como hechos. Esto implica que, cuanta más información poseemos sobre un hecho concreto, menos rumores surgen sobre él. Información y rumores suelen ser inversamente proporcionales.

"Los rumores suelen hacerse realidad cuando son desmentidos oficialmente"

(John F. Kennedy).

¿Sabemos diferenciar entre una noticia falsa y otra verdadera?

¿Dentro de una misma noticia, que información es falsa y cual es verdadera?

Sobre el comportamiento ante una noticia falsa hay diversas investigaciones. Una de ellas es el estudio realizado sobre el impacto de las noticias falsas en España por la Universidad Complutense de Madrid[13], dirigido por el profesor Antonio Manzanero[14].

La investigación, publicada en mayo de 2017, asegura que el 86% de los españoles tiene dificultades para distinguir entre noticias verdaderas y falsas.

---

[13] https://www.europapress.es/sociedad/noticia-86-espanoles-tiene-dificultades-distinguir-fake-news-noticias-verdaderas-estudio-20170531131318.html
[14] http://antoniomanzanero.blogspot.com/p/curriculum-breve.html

El estudio encuestó a 2.000 personas, de las cuales el 60% pensaba que podría diferenciar fácilmente entre una información falsa y una real, pero tras someterse a una prueba, solo el 14% acertó, frente al 86% que falló.

Por otra parte, el 4% de los encuestados acepta haber inventado una noticia falsa y la mitad reconoce haberlas distribuido. Datos preocupantes.

Relacionando ambas leyes, diremos que cuanto mayor sea la magnitud de las dos variables en juego (interés y ambigüedad), mayor será la extensión del rumor y, por tanto, mayor el número de personas afectadas.

La relación entre ambas leyes es evidente, puesto que, si uno de los factores es igual a cero, el rumor no aparece. Por el contrario, si el suceso es interesante y la información es confusa e incompleta, los rumores se multiplicarán.

Desde la entrada de las Redes Sociales en nuestras vidas, estos rumores se multiplican de forma viral, dando lugar a las noticias falsas o *"fake news"* [15].

---

[15] Libro publicado en 2018 por Marc Amorós, ISBN 978-8417114725

La fórmula mágica que propone Marc Amorós para la aparición de las noticias falsas es la siguiente:

(Impacto x Ambigüedad) + (Interés x Difusión) + Rapidez = NOTICIAS FALSAS

¿Por qué? Porque cada persona completará la información que falta en función de sus intereses, necesidades y escala de valores.

Por su parte, Eduardo Punset en el capítulo 3 de su libro *"El viaje a la felicidad"*,[16] nos explica cómo los seres humanos interpretamos los recuerdos y nosotros relacionamos este hecho con la transmisión de los rumores.

La neurociencia ha descubierto que existen dos canales para tomar decisiones: uno lento y preciso (lógico) y otro rápido e impreciso (emocional). Son dos mecanismos complementarios que todos utilizamos cuando transmitimos información.

Si disponemos de tiempo e información suficientes, solemos recurrir a la lógica. Por el contrario, cuando el

---

[16] ISBN: 978-88423339396. Editorial Destino, 2007.

tiempo o la información son escasos y debemos tomar una decisión sin tiempo suficiente para pensar, se anticipan los sentimientos a la lógica.

En este último caso, la memoria es fundamental. Se ha demostrado que la conservación de nuestra memoria depende de todo el cuerpo, no solo del cerebro. Por ello, cuando transmitimos una información solemos retocar algunos detalles: bien por omisión, bien por inclusión.

A modo de resumen, diremos que los rumores surgen cuando el tema es interesante y ambiguo. De temas irrelevantes con suficiente información no surgen rumores, como tampoco lo hacen de temas irrelevantes, aunque la información disponible sea escasa.

Para Rosnow[17] (1991), los rumores circulan en función de tres factores: incertidumbre, credibilidad y ansiedad que produce.

Incertidumbre. Hace referencia a la ambigüedad socialmente distribuida en torno a un tema. En una situación de caos, como un desastre natural, cualquier

---

[17] https://psycnet.apa.org/record/1991-27322-001

noticia, sea cierta o no, se transmitirá más veces ya que es una forma de aliviar la tensión acumulada. Por ejemplo, la pandemia generada por el Covid19 ha creado un número ingente de rumores.

Credibilidad. Se refiere a la confianza que genera. Para validar las emociones y las actitudes (positivas o negativas) que genera, nos autoconvencemos que el rumor tiene algo de verdad. Nos aferramos a esta verdad a la hora de transmitirlo.

Ansiedad que produce. La ansiedad es una emoción negativa generada ante una posible amenaza. Cuanta más ansiedad provoca el rumor, más necesidad tenemos de pasarlo para descargar la tensión generada.

3.   *Pasos psicológicos en el desarrollo del rumor*

Distinguimos tres pasos psicológicos en el desarrollo del rumor: percepción, recuerdo y transmisión. Veamos cada uno de ellos.

- Percepción. Los recuerdos se modifican en cuanto finaliza la percepción auditiva de los hechos y suposiciones que componen el rumor.

- Recuerdo. Cada persona explica y transmite el rumor en función de sus intereses personales, su experiencia (personal y laboral) y su escala de valores.

- Transmisión. Se tiende a simplificar o esquematizar los hechos o, por el contrario, a complicarlos. En cualquier caso, la información (hechos y suposiciones) no suele permanecer estática.

Estos tres pasos psicológicos se suelen observar en el hostigamiento psicológico laboral o *Mobbing.*

El acoso psicológico en el ámbito laboral describe una situación en la que una persona o grupo de ellas ejercen violencia psicológica, al menos una vez por semana durante más de seis meses sobre otra persona en el lugar de trabajo (Heinz Leymann[18], 1992).

---

[18] Doctor en psiquiatría, nacido en Alemania, pero nacionalizado sueco

El mismo concepto de acoso moral evidencia la dificultad de analizar qué conductas son constitutivas de acoso, ya que no hay que atender a una actuación en sí misma, sino a cinco factores, a saber:

- Al proceso

- A la reiteración

- A la frecuencia

- A la intencionalidad del autor

- A los efectos de la víctima

Este proceso de análisis dinámico no es el habitual en nuestra práctica jurídica, mucho más rigida.

Ampliaremos este concepto en el apartado siguiente, cuando hablemos sobre los rumores sobre personas.

4. Tipos de rumores

(1932-1999)

Atendiendo a la reacción emocional que provocan, se distinguen tres tipos de rumores:

- Que expresan deseos y anhelos

- Sobre miedos y ansiedades

- Sobre otras personas

Los rumores sobre personas suelen ser los más peligrosos, ya que afectan a su reputación, para bien o para mal, incluso cuando se demuestre que son falsos.

Científicos alemanes del Instituto Max Planck de Biología Evolutiva,[19] han descubierto que lo que se rumorea acerca de un individuo concreto entre un grupo de personas, tiene más poder en el comportamiento y juicio de éstas hacia dicho individuo que las observaciones directas acerca del mismo.

Cualquier tipo de rumor tiene dos elementos: un Sujeto (quién hace qué) y un Predicado (qué hace quién). Se dice que el rumor está equilibrado cuando:

- Persona considerada "buena" realiza una buena acción (+ +)

_____

[19] https://www.latam.mpg.de/60942/instituto-max-planck-de-biolog-a-del-desarrollo

- Persona considerada "mala" realiza una mala acción (- -)

Por el contrario, existirá desequilibrio en el rumor cuando:

- Persona "buena" realiza una mala acción

  (+ -)

- Persona "mala" realiza una buena acción

  (- +)

No es usual encontrar rumores del primer tipo (+ +), mientras que son abundantes los que incluyen dos elementos negativos.

Los rumores mixtos (+ -) (- +) generan una disonancia que los transmisores tratan de reducir reconvirtiendo el rumor a una forma equilibrada (- -), añadiendo u obviando información según sus intereses, necesidades y escala de valores.

La posibilidad (+ +) no se suele convertir en rumor porque se considera una trivialidad.

Los rumores sobre personas constituyen un tipo de acoso psicológico que presentan las características siguientes:

- Es un conflicto asimétrico, donde la parte hostigadora suele tener más recursos, apoyos o posición superior a la de la parte hostigada.

- El contenido y significado de muchos de esos comportamientos y actitudes son de difícil interpretación, ya que las circunstancias de cada caso son distintas. Por una parte, están las intenciones de los agresores y, por otra, la resistencia psicológica de los afectados.

- El afectado interpreta las situaciones como una amenaza a su integridad. No sabe cómo afrontar estas situaciones, ni cómo controlar sus reacciones emocionales. El fracaso en el afrontamiento desencadena una patología propia de estrés laboral, que se va cronificando y agravando progresivamente.

Se distinguen tres tipos de acoso psicológico: ascendente, horizontal y descendente. Veamos cada uno de ellos.

Ascendente. Una persona que ostenta un rango jerárquico superior se ve agredida por uno o varios subordinados. Puede ocurrir cuando se incorpora a la empresa una persona del exterior y sus métodos no son aceptados, o bien, porque ese puesto era deseado por alguno de los acosadores.

En menor proporción, el acoso psicológico ascendente se produce hacia aquellos jefes que se muestran arrogantes en el trato y muestran comportamientos autoritarios. Para que esto se produzca, los colaboradores deben estar muy unidos.

En este sentido, cuanto más poder ostenta una persona (por ejemplo, en el Gobierno local, regional o nacional), más expuesto está a que cualquier ciudadano de cualquier país invente un bulo para llamar la atención[20]. Por ejemplo, bulo sobre Manuela Carmena durante la pandemia actual.

Horizontal. Una persona se ve acosada por un compañero del mismo nivel por diversas circunstancias: envidia, complejo de inferioridad, aburrimiento...

---

[20] https://maldita.es/malditobulo/2020/04/03/coronavirus-bulos-pandemia-prevenir-virus/

Se observa en los establecimientos penitenciarios, con personas físicas o psíquicamente débiles o distintas, diferencias que son explotadas para mitigar la ausencia de acontecimientos: raza, color, procedencia, aspecto físico...

Descendente. Situación habitual en la que la persona que ostenta el poder pretende, mediante desprecios, falsas acusaciones e incluso insultos minar la autoestima del acosado para destacar frente a sus subordinados, mantener su posición jerárquica o con el objetivo del abandono "voluntario" de la persona acosada sin proceder a su despido legal.

Conductas de acoso psicológico clasificadas por factores.

ATAQUES A LA VÍCTIMA CON MEDIDAS ORGANIZACIONALES

- Obligar a ejecutar tareas en contra de su escala de valores
- Juzgar su desempeño de manera ofensiva: "Eres un inútil"
- Cuestionar sistemáticamente las decisiones

- No asignar tareas
- Asignar tareas sin sentido
- Asignar tareas muy por debajo de sus capacidades
- Asignar tareas degradantes

ATAQUES A LAS RELACIONES SOCIALES DE LA VÍCTIMA CON AISLAMIENTO SOCIAL.

- Restringir a los compañeros la posibilidad de hablar con una persona.
- Rehusar la comunicación a través de miradas y gestos
- Rehusar directamente la comunicación con una persona
- No dirigir la palabra a una persona
- Tratar a una persona como si no existiera

ATAQUES A LA VIDA PRIVADA DE LA VÍCTIMA

- Críticas permanentes a la vida privada
- Hostigamiento telefónico o a través del correo electrónico
- Tratar a una persona como si fuese estúpida

- Dar a entender que una persona tiene problemas psicológicos
- Burlarse de las discapacidades (físicas y/o psíquicas) de una persona
- Imitar los gestos, voces... de una persona

ATAQUES A LAS ACTITUDES DE LA VÍCTIMA

- Ataques a las actitudes y creencias políticas
- Ataques a las actitudes y creencias religiosas
- Burlarse de la nacionalidad de la víctima o de su procedencia, dentro del mismo país.

AGRESIONES VERBALES

- Gritar y/o insultar
- Amenazas verbales relacionadas con el puesto de trabajo: "Cómo sigas así, no superarás el periodo de prueba".

RUMORES

- Hablar mal de la persona a su espalda
- Difusión de rumores infundados relacionados con las tendencias sexuales, preferencias políticas,

religiosas… de una persona. Como dice nuestro refranero: "Calumnia, que algo queda".

Webs como *Newtral*[21] se dedican a confirmar bulos, como el que apareció el 5 de marzo de 2020 en Twitter, en el que se decía que una concejala de Podemos de Canarias había dicho cosas horribles sobre media docena de ancianos. La autora en cuestión es modelo y azafata (según sus redes sociales) y alguna mente retorcida utilizó su cuenta para manchar su imagen, haciéndola pasar por concejala de Podemos en Canarias.

En ocasiones, el acoso psicológico tiene como base el prejuicio. Allport ya investigó la relación entre los prejuicios y la aparición de rumores, que pueden desembocar en un acoso psicológico sobre la persona o grupo de ellas sobre la que se tienen prejuicios (color de piel, religión, lugar de nacimiento o procedencia…)

Nuestros prejuicios se encuentran muy relacionados con los estereotipos y se organizan en dos fases:

---

[21] https://www.newtral.es/

- Se parte de una actitud favorable o desfavorable, que suele estar vinculada a unos estereotipos arraigados en nuestra familia, grupo social...

- Sigue la categorización (mucho, bastante, poco) y generalización (todos, la mayoría, algunos) tanto del significado como de nuestro sentimiento hacia lo percibido.

En este proceso, la víctima del prejuicio suele tener una de las siguientes reacciones:

- Negación del carácter de "miembro" del grupo.
- Pasividad, alejamiento o servilismo
- Refuerzo de la asociación entre víctimas.

El acoso psicológico ha degenerado en el ciberacoso gracias a la tecnología y al uso indiscriminado de las redes sociales, blogs, foros...

Un ejemplo lo tenemos en las *influencers* de moda españolas, que cuentan con millones, cientos o decenas de miles de seguidores en Instagram y YouTube. Para saber cómo funciona la cuenta de cualquier *influencer,* debemos analizar cuatro métricas: seguidores, frecuencia de publicación, me gusta y *engagement*[22].

El *engagement* se refiere al grado de fidelización de los seguidores de una cuenta en Instagram.

En esta red social, Dulceida (Aida Doménech, desde Barcelona) tiene 2,7 millones de seguidores; LovelyPepa (Alexandra Pereira, desde Madrid), 1,9 millones de seguidores; Rocío Camacho, 513 mil...

Precisamente, LovelyPepa (Alexandra Pereira)[23] denunció en 2018 ciberacoso por parte de algunos de sus seguidores[24]. Desde una perspectiva legal es necesario asegurarse de que esta conducta constituye un delito y diferenciar entre la opinión de una persona, guste o no, y los comentarios ofensivos reiterados "para denigrar e injuriar".

Si el mensaje tiene como fin atentar contra la dignidad e integridad física, moral o la reputación de aquellos a quienes se dirige de forma reiterada y grave, amparada en la esfera o no del anonimato, se trataría, de un caso de acoso.

Para que haya acoso se tiene que dar, de forma reiterada, alguna de las conductas siguientes:

---

[22] https://metricool.com/es/influencers-moda-espana/
[23] https://www.instagram.com/alexandrapereira/?hl=es
[24] https://www.elperiodico.com/es/extra/20180212/acoso-internet-delito-6618285

- Persecución virtual de la víctima con la intención de establecer contacto con ella.

- Usar inadecuadamente sus datos personales

- Atentar contra la libertad y/o el patrimonio de la supuesta víctima.

El caso de Alexandra Pereira ha obligado a la revista Vogue España[25] a cerrar su foro por los mensajes ofensivos contra ella. El Tribunal Supremo ha creado jurisprudencia sobre este tema, matizando la interpretación de la ley en cuanto a la responsabilidad de los administradores de páginas web, donde se alojan foros con contenidos ilegales generados por sus usuarios.

En última instancia, la responsabilidad va a estar delimitada por tres factores decisivos: el conocimiento efectivo y la diligencia debida del titular del portal, la naturaleza de la actividad desarrollada y la capacidad de control y moderación sobre los contenidos ajenos[26].

---

[25] https://www.vogue.es/
[26] https://www.elperiodico.com/es/extra/20180212/acoso-internet-delito-6618285

Diferente es el caso de los portales de noticias. En este caso, su editor es el responsable de los comentarios emitidos por los lectores. La jurisprudencia del Tribunal Europeo de Derechos Humanos (TEDH)[27] dice que se vulnera el derecho al honor de las víctimas traspasando la barrera de la crítica permitida para llegar al insulto.

De hecho, lo que la gente piensa de nosotros determinará, en cierto modo, lo que somos (Allport).

---

[27] https://www.mjusticia.gob.es/cs/Satellite/Portal/es/areas-tematicas/area-internacional/tribunal-europeo-derechos

5. Leyes para la transmisión del rumor

Existen tres leyes básicas en la transmisión del rumor: Nivelación, Acentuación y Asimilación. Veamos cada una de ellas.

LEY DE NIVELACIÓN. Llamamos nivelación al mecanismo a través del cual el rumor, a medida que va circulando se hace más conciso y, por tanto, más fácil de recordar y transmitir. Aproximadamente, tres de cada cuatro detalles se pierden en los primeros seis transmisores. El cuarto detalle es bastante estable debido a que un rumor conciso tiene más posibilidades de ser reproducido fielmente por parte del emisor y, por otra parte, el receptor tiene poco riesgo de olvido cuando, a su vez, lo transmita.

En los rumores de tiempo y lugar, la identificación del escenario donde transcurre la acción se mantiene indeformable. Por el contrario, los detalles sufren muchas alteraciones o se pierden. Este proceso tiene una relación directa con su importancia. Pero el factor más importante en el proceso de nivelación es la velocidad de circulación del rumor: a mayor velocidad, menor nivelación.

LEY DE ACENTUACIÓN. Definiremos acentuación como la percepción, retención y narración selectiva de una serie de detalles que pertenecen a un contexto más amplio. Esta selección es subjetiva, es decir, depende de cada persona y es un proceso complementario a la acentuación.

Algunas formas de acentuación son:

- Numérica. Los detalles se multiplican no se suman.

- Temporal. Acontecimientos pasados se relatan como si acabasen de ocurrir. Se pierde la noción del tiempo.

- De magnitud. Se centra la atención sobre los objetos extremos: los grandes son gigantescos y los pequeños, microscópicos.

- Espaciotemporal. El sujeto tiene necesidad de orientarse espacial y temporalmente para enmarcar el relato.

- De familiaridad. Los símbolos familiares y situaciones cotidianas son los recursos más utilizados.

- De conclusión. El sujeto tiende a completar el relato dándole coherencia, sobre todo, donde no la ve.

LEY DE ASIMILACIÓN. Está comprobado que los procesos cognitivos y los emocionales están muy relacionados[28], por lo que vamos a estudiar ambos tipos de asimilación.

En la asimilación cognitiva tendremos en cuenta que:

- Se introducen o inventan detalles sobre el tema principal para hacerlo más coherente.

- Se aportan detalles que cubren los huecos que tiene el relato.

- Se reorganizan detalles inconexos o dispersos.

- Se perciben y recuerdan los detalles tal como acostumbramos a verlos normalmente.

---

[28] http://www.psicothema.com/psicothema.asp?id=713

- Se utilizan términos lingüísticos cotidianos, típicos y estandarizados.

En la asimilación emocional, la percepción está ligada a los intereses personales del sujeto. Este tipo de asimilación explica el hecho de que un mismo suceso origine distintos rumores o, que a partir de un mismo rumor se generen varios subrumores, según las personas que los perciban y transmitan. Por esta razón, podemos decir que cada rumor tiene su propio público.

En general, cuanto más rico es el mensaje a transmitir, hay más pérdida de información de un sujeto a otro. Observamos un proceso de generalización más acentuado sobre el actor que sobre la acción que realiza. La adición de detalles se lleva a cabo más sobre el predicado (qué hizo) que sobre el propio sujeto (quién lo hizo), que se mantiene inalterable.

Desde hace unos años se viene debatiendo en España el concepto de la libertad de expresión y sus límites. A través de ciertas redes sociales, algunas personas rebasan estos límites desconociendo que pueden incurrir en delitos más o menos graves.

En el artículo 19 de la Declaración Universal de Derechos Humanos[29], podemos leer que: "Todo individuo tiene derecho a la libertad de opinión y de expresión; este derecho incluye el de no ser molestado a causa de sus opiniones, el de investigar y recibir informaciones y opiniones, y el de difundirlas, sin limitación de fronteras, por cualquier medio de expresión".

Por otro lado, el artículo 20 de nuestra Constitución[30] se centra en la libertad de expresión. Su texto es el siguiente:

1. Se reconocen y protegen los derechos:

a) Expresar y difundir libremente los pensamientos, ideas y opiniones mediante la palabra, el escrito o cualquier otro medio de reproducción.

---

[29] https://www.un.org/es/universal-declaration-human-rights/
[30]
https://app.congreso.es/consti/constitucion/indice/titulos/articulos.jsp?ini=20&tipo=2

b) Producción y creación literaria, artística, científica y técnica.

c) Libertad de cátedra.

d) Comunicar o recibir libremente información veraz por cualquier medio de difusión. La ley regulará el derecho a la cláusula de conciencia y al secreto profesional en el ejercicio de estas libertades.

2. El ejercicio de estos derechos no puede restringirse mediante ningún tipo de censura previa.

3. La ley regulará la organización y el control parlamentario de los medios de comunicación social dependientes del Estado o de cualquier ente público y garantizará el acceso a dichos medios de los grupos sociales y políticos significativos, respetando el pluralismo de la sociedad y de las diversas lenguas de España.

4. Estas libertades tienen su límite en el respeto a los derechos reconocidos en este Título, en los preceptos de las leyes que lo desarrollen y,

especialmente, en el derecho al honor, a la intimidad, a la propia imagen y a la protección de la juventud y de la infancia.

5. Sólo podrá acordarse el secuestro de publicaciones, grabaciones y otros medios de información en virtud de resolución judicial.

Pero ¿hay algún límite en la libertad de expresión o vale todo?

Según la sentencia del Tribunal Supremo 706/2017 de 27 de octubre[31], sobre la libertad de expresión en *Twitter*, parece que sí que hay límites.

La discusión, en este caso, se centró en si retuitear un determinado texto era lo mismo que crearlo. Nos encontramos ante un caso en el que el condenado, retuiteó textos, imágenes y vídeos previamente existentes en internet y que habían realizado otras personas.

---

[31] https://supremo.vlex.es/vid/696441021

El Tribunal Supremo fue tajante a este respecto y consideró que:

"no es necesario que el acusado asuma como propio, razone o argumente la imagen y su mensaje, ni tampoco que sea el recurrente el que lo haya creado, basta que de un modo u otro accedan a él, y les dé publicidad, expandiendo el mensaje a gran cantidad de personas"

Por tanto, queda claro que es irrelevante que el mensaje no sea propio. Si se retuitea y difunde un mensaje ajeno en el que se vulneren derechos de otras personas, como el derecho al honor, la intimidad y la integridad, se sancionará a la persona que lo difunde, aunque no sea su autor.

También están siendo sancionadas otras conductas que constituyen un delito de injurias, calumnias o incitación al odio y que las redes sociales se encargan de viralizar. Veamos, a continuación, un cuadro que resume las diferencias entre calumnia, difamación e injuria[32].

---

[32] https://www.diferenciador.com/calumnia-difamacion-e-injuria/

	CALUMNIA	DIFAMACIÓN	INJURIA
CONCEPTO	Imputación falsa	Difundir falsas informaciones que afectan al honor de una persona	Publicación de un juicio de valor falso, que perjudica el honor de una persona
OBJETIVO	Causar pena legal al acusado	Dañar la imagen del acusado	Ofender al acusado
EJEMPLO	Una mujer que acusa falsamente a su pareja de maltrato	Acusar falsamente a una persona de haber robado un objeto	Injuriar a una persona diciendo que se dedica al tráfico de drogas, sin pruebas

Otro caso mediático tuvo lugar con el actor Willy Toledo que fue denunciado por la Asociación de

Abogados Cristianos en 2017 por injurias a Dios y a la Virgen en su cuenta de *Facebook*.

La sentencia se ha publicado el 21 de febrero de 2020. Su autora ha sido la responsable del Juzgado de lo Penal número 26 de Madrid, Sonia Agudo Torrijos[33], que ha absuelto al actor de los delitos de los que se le acusaba.

Considera que debe aplicarse el principio de *in dubio por reo* (en caso de duda, resolver a favor del procesado) porque la acusación no presentó pruebas que acreditasen que Toledo tenía la intención de ofender los sentimientos religiosos de los cristianos.

Según recuerda la juez, los *posts* tenían por objetivo criticar fiestas religiosas. El abogado defensor del actor, Endika Zulueta, ha celebrado la absolución como un "triunfo del derecho a la libertad de pensamiento y de expresión". "El pensamiento no delinque, y la expresión escrita o verbal del pensamiento (salvo que aliente a la hostilidad violenta contra determinados colectivos), no debe ser delito,

---

[33] https://elpais.com/espana/2020-02-29/la-juez-absuelve-al-actor-willy-toledo.html

en un país que se entienda respetuoso con los derechos fundamentales".

6.   *Actitudes ante los rumores*

Podemos adoptar cuatro actitudes respecto al rumor: crítica, acrítica, transmisora y de corte. Veamos cada una de ellas.

Tomaremos una actitud CRÍTICA siempre que se cumpla una condición fundamental: el receptor el mensaje conoce el asunto objeto del rumor y, por ello, es capaz de distinguir lo que tiene de verdad y de falsedad. Si, además, la persona que se lo ha transmitido es conocida, tiene una base objetiva más sólida que si lo escucha de un extraño.

En definitiva, una persona que adopte una postura crítica ante el rumor es probable que:

- Transmita la parte más importante del rumor.

- Detecte la información falsa y la elimine

- Transmita el rumor sin alterar la información recibida si no detecta detalles falsos.

La postura ACRÍTICA es más probable cuando el rumor satisface alguna necesidad del sujeto receptor. No se posee información suficiente para opinar, por lo que a la hora de convertirse en emisor, suele modificar la información para hacerlo más coherente desde su propia perspectiva y, al mismo tiempo, que satisfaga sus propios intereses.

La tercera postura es la de TRANSMISIÓN. El sujeto se limita a pasar la información recibida de la manera más objetiva posible, es decir, sin añadir ni quitar nada a lo que le han dicho.

La cuarta y última postura es la DE CORTE. Se produce cuando el sujeto receptor no asume su papel de emisor y hace que el rumor se detenga en él.

En relación con la postura de corte ante un rumor, la legislación laboral española comienza a tomar cartas en el asunto en noviembre de 2001, cuando el grupo socialista presenta una Proposición de Ley sobre el derecho a no sufrir acoso moral en el trabajo[34]. Modificaba una serie de artículos de algunas leyes,

---

34
https://www.uv.es/~dones/temasinteres/mobbing/propuestaslegislacion.htm

introduciendo el concepto de "acoso moral" en el artículo 314 bis.

Las dos Proposiciones de Ley fueron rechazadas ya que el grupo popular decidió que era mejor no legislar hasta que la UE tomara una iniciativa. La Ley 03/2003 de 31 de diciembre, de medidas fiscales, administrativas y sociales propone la primera definición de acoso en la legislación española.

De todos modos, la legislación vigente ha permitido una serie amplia de sentencias en los tribunales castigando los comportamientos de acoso moral en el trabajo. En algunas ocasiones, se han considerado las consecuencias sufridas por los acosados como accidentes de trabajo.

Países como Suecia, Países Bajos, Francia, Bélgica, Dinamarca y Finlandia, han optado por legislación específica, mientras que otros Estados miembros de la Unión Europea (Irlanda, Reino Unido o Alemania) han considerado que no necesitaban una legislación específica, que era suficiente la que tenían para castigar estas conductas.

7.   *Prevención y control de rumores*

Este apartado consta de dos partes: la prevención del rumor (a priori) y su control, es decir, una vez que ya ha surgido, cómo se debe dominar (a posteriori).

En las organizaciones, tanto privadas como públicas, las medidas preventivas que reducen drásticamente la aparición de rumores se centran en la creación y mantenimiento de unos canales internos de comunicación formal suficientes en calidad y cantidad.

El hecho de que haya en el Estado Español mucha oferta de emisoras de radio y abundante oferta de canales de televisión puede facilitar la aparición de rumores gubernamentales hostiles. En función del partido o partidos en el poder, las empresas editoriales y los grupos de comunicación adversarios pueden ser más hostiles ante cualquier información que provenga o afecte al Gobierno.

Por ejemplo, en China se prohibió criticar la actuación de su Gobierno al comienzo de la pandemia del COVID-19[35]. Los que se desmarcan de la línea oficial

---

[35] https://www.nytimes.com/es/2020/01/24/espanol/mundo/que-es-coronavirus-sintomas.html

son castigados. Exactamente igual que hace 17 años con el SARS.

El primer caso fue conocido el 8 de diciembre de 2019. Mientras la enfermedad se propagaba, funcionarios de *Wuhan* insistían en que era tratable y que estaba controlada. La policía interrogó a ocho personas que publicaron información sobre el virus en las redes sociales, afirmando que habían difundido "rumores".

El 18 de enero, dos días antes de que Wuhan informara sobre la gravedad del brote, la ciudad organizó un banquete comunitario al que asistieron más de 40.000 familias, para lograr así que la localidad pudiera competir por el récord mundial de más platos servidos en un evento.

El día en que Wuhan dio la noticia al mundo, también anunció que estaba repartiendo 200.000 entradas gratis a los residentes para las actividades festivas durante las vacaciones del Año Nuevo lunar, que comenzaban el 25 de enero de 2020.

Pero cuando el gobierno es la única fuente de información, los sabios consejos y las pistas más valiosas pueden perderse. El departamento de policía de la provincia de Shandong publicó el 22 de enero en la red social *Weibo* (similar a *Twitter*), que había detenido a cuatro residentes que difundieron rumores de que había un presunto paciente de coronavirus en el distrito. En ese ambiente hostil, la mayoría calla.

A pesar de ello, cualquier asunto que se investigue a través de "secreto sumarial", es un caldo de cultivo excelente para rumores de todo tipo.

En las empresas privadas, los factores que dificultan la aparición de rumores en los niveles ejecutivo y operativo son los siguientes:

- La estabilidad en el puesto de trabajo

- Recibir, por parte del superior inmediato, una información suficiente y veraz.

- Confiar en la cúpula directiva que lidera el proyecto empresarial para suplir la falta de información estratégica que suelen padecer, sobre todo, el nivel operativo.

Por otra parte, el ambiente laboral que flota en algunas de los miles de empresas o instituciones públicas (de ámbito nacional, regional o local) suele ser propicio para la aparición de todo tipo de rumores: desde los más inocuos a los más hostiles.

Los partidos políticos son un claro ejemplo, sobre todo, en época de elecciones primarias que eligen candidatos a las elecciones nacionales.

Pero ¿qué podemos hacer una vez que el rumor ya está circulando? En esta situación, nos encontramos frente a un dilema: si callamos y lo obviamos, estimulamos su propagación ("El que calla, otorga"). Si, por el contrario, lo refutamos ayudamos directamente a que se propague ("Cuando el río suena, agua lleva").

Por ello, se recomienda utilizar en el ámbito empresarial, los canales internos de comunicación formal disponibles para difundir los hechos de una forma clara y concisa (recordemos la importancia y la ambigüedad de los hechos), sin mencionar en ningún momento el rumor en curso.

En caso de que el rumor afecte a toda la organización y ésta no disponga de canales internos de comunicación formal (boletines, revistas...) es conveniente publicar en el tablón de anuncios (tradicional o digital) un comunicado firmado por el máximo responsable de la empresa.

Si por el contrario el rumor afecta a una o varias unidades orgánicas, el comunicado será firmado por el director de cada una de ellas y, si se considera conveniente, rubricado por el Director General.

En los rumores sobre personas o grupos de ellas, debemos diferenciar entre cuatro aspectos que, ordenados, son los siguientes: propia identidad, cognitivo, afectivo y social.

Tomando como ejemplo nuestro prejuicios acerca de los inmigrantes (como colectivo global, sin diferenciar su procedencia) podemos colaborar en el nacimiento o expansión de algunos rumores.

El proceso que solemos seguir es el siguiente:

- Primero se generaliza acerca de un colectivo y aparecen los estereotipos. En este primer estadio, PIENSO acerca de.
- A partir de los estereotipos se forman los prejuicios que, como índica la palabra en sí, son juicios realizados sin suficiente información ni

conocimiento. En el segundo, además de pensar, SIENTO.

- Por último, llegan los bulos y rumores a partir de los estereotipos. En este tercero, paso a la ACCIÓN.

7.1. Desinformación y rumores

7.1.1. Concepto de desinformación

La desinformación es la acción de manipular u ocultar, de forma consciente, la circulación o divulgación de datos, noticias o argumentos que sean favorables a quien se pretenda desinformar.

La desinformación, cuando responde a una estrategia y unos objetivos de desestabilización, pone en riesgo los valores e instituciones democráticos, bien sea de una institución supranacional como la Unión Europea[36];

---

[36]
http://www.realinstitutoelcano.org/wps/portal/rielcano_es/contenido?WCM_GLOBAL_CONTEXT=/elcano/elcano_es/zonas_es/ari41-2019-olmoromero-desinformacion-concepto-y-perspectivas

nacional (el Gobierno de la nación); regional (Comunidad Autónoma) o local (ayuntamiento).

El Covid19, desde su inicio en China ha sido objeto de cientos de bulos que fomentan la desinformación[37].

7.1.2. Desinformación y Redes Sociales: viralidad

En la era de la "posverdad", palabra del año en 2016, los hechos son menos influyentes sobre la opinión pública que los sentimientos, las emociones o las creencias personales.

Pero ¿qué es la posverdad?

La posverdad es, según el DRAE[38], "la distorsión deliberada de una realidad, que manipula creencias y emociones con el fin de influir en la opinión pública y en sus actitudes sociales".

---

[37] https://www.dw.com/es/la-oms-critica-los-rumores-y-desinformaci%C3%B3n-sobre-coronavirus/a-52246096
[38] https://dle.rae.es/posverdad

Un ejemplo lo tenemos en los demagogos, que utilizan sus argumentos con un fin manipulador: predicadores, políticos...

Algunos expertos opinan que uno de los motivos por el que Donald Trump es presidente de EEUU, fue porque sus votantes habían dejado de creer en los medios tradicionales de comunicación de masas, acusándolos de vivir en una burbuja elitista y liberal. Proliferaron las noticias falsas en los medios digitales, como que el Papa Francisco le apoyaba.[39]

Recordemos que Trump es un empresario y escritor de éxito incorporado a la política con 70 años.

Samantha Vinograd, analista de seguridad nacional de CNN[40], opina que en la pandemia del COVID-19, la administración Trump ha tenido casi tres meses para rastrear la propagación del coronavirus y prepararse para su llegada a EE.UU. Pero dado el nivel de preparación del gobierno y los mensajes públicos de su presidente, podríamos suponer que el Covid-19 nació ayer.

---

[39] https://www.vidanuevadigital.com/2018/05/13/5-fake-news-contra-el-papa/
[40] https://cnnespanol.cnn.com/2020/03/10/en-el-caso-del-coronavirus-trump-es-un-desastre-que-camina-habla-y-tuitea/

Los titulares sobre el virus y su impacto en EE.UU. se suceden y el pueblo estadounidense espera que Donald Trump deje de cometer errores cuando responde a la pandemia mundial. Incluso, difundiendo información errónea con declaraciones que minimizan el alcance del problema y que contradicen a los funcionarios de salud sobre la disponibilidad de kits de prueba.

El 11 de abril, EE.UU. registraba 20.283 muertos por COVID-19[41], más que cualquier otro país del mundo. Loa infectados superan el medio millón. Todavía no ha llegado al pico de la pandemia. Lo peor está por llegar.

Aunque los mensajes públicos son importantes en todo momento, la información clara y precisa es especialmente crítica durante una pandemia global[42]. Es un pilar fundamental para informar a las personas sin inducir al pánico. Recordemos que en EE.UU. las personas que no tienen derecho a seguridad social son casi 30 millones, sin contar los millones de

---

[41] https://www.rtve.es/noticias/20200411/eeuu-pais-mas-fallecidos-coronavirus-mundo/2011855.shtml
[42] https://www.eldiario.es/internacional/coronavirus-Trump_0_1007899508.html

indocumentados que, evidentemente, tampoco tienen ese derecho.

Con 100$ mensuales una persona tiene derecho al 10% de los tratamientos básicos. Con 400$, al 50%. El sistema se seguridad social estadounidense en caro y complicado, al contrario de lo que sucede en Europa y Canadá.

También existen diferencias ente los Estados: la cobertura básica, por persona, en California y Florida puede costar 450$ mensuales, mientras que en Nueva York pueden costar unos 600$[43]. En 2018, las primas medias para una familia de tres miembros ascendían a 1.168$ mensuales.

En cambio, durante esta crisis, los estadounidenses estarían mejor silenciando a Donald Trump y sus peligrosos "consejos" sobre cómo luchar contra el virus. Mientras los funcionarios de la administración se esfuerzan por compartir información basada en la ciencia, actualizaciones sobre medidas de seguridad,

---

[43]http://www.bbc.com/storyworks/specials/moving-to-america-spanish/navigating-the-us-health-system.html

Trump no hace otra cosa que socavar sus esfuerzos y recomendar la ingesta de sustancias venenosas para el ser humano[44].

Comparte su "presentimiento" de que la tasa de mortalidad por COVID-19 es inferior al 3,4%, asegurando que EE.UU. había contenido la propagación del virus desde China en febrero, alegando que los casos están bajando[45], cuando los datos nos dicen lo contrario. Trump habla y tuitea de forma errática al establecer la estrategia de comunicación que requiere una crisis tan compleja como esta.

Un artículo de Craig Silverman[46] mostró que, durante la campaña electoral de Trump, en Facebook las noticias falsas habían generado más interacción que las publicadas por los medios de comunicación tradicionales (prensa, radio y televisión).

---

[44] https://elpais.com/internacional/2020-04-24/por-favor-no-coman-pastillas-de-detergente-ni-se-inyecten-ningun-tipo-de-desinfectante.html

[45] Véase el número de infectados en la ilustración 9 en el día 32. Fuente: https://www.elconfidencial.com/

[46] https://lahoradigital.com/noticia/25056/sociedad/posverdad-y-tipos-de-desinformacion:-el-agujero-negro-que-engulle-la-credibilidad-de-los-medios.html

La pérdida de confianza es, desde hace años, uno de los graves problemas para los medios de comunicación tradicionales: los ciudadanos consideran a las redes sociales una fuente de información más fiable que la prensa, la radio o la televisión.

El resultado del Brexit en Reino Unido también es achacado por algunos expertos al mismo motivo que el triunfo de Donald Trump en EE.UU.

Claire Wardle[47], profesora en Harvard y experta en Redes Sociales, definió la desinformación como la "creación y difusión deliberada de información falsa", a diferencia de la información errónea, que es la "difusión involuntaria de información falsa".

Respecto al contenido de una noticia, esta investigadora estableció siete categorías ordenadas por su grado (de menor a mayor) cuya intención sea el engaño deliberado:

SÁTIRA O PARODIA. Pretende que la información proporcionada induzca al error, ya que parece una noticia auténtica. Por ello, es necesario comprobar la fuente utilizada y la fiabilidad del medio que emite la

---

[47] https://cyber.harvard.edu/people/dr-claire-wardle

noticia. Un ejemplo lo protagonizó, en 2010, un periodista italiano de provincias llamado De Benedetti que conseguía las entrevistas con los principales personajes mundiales: desde Mario Vargas Llosa al exlíder soviético ruso Mijaíl Gorbachov. Pronto se descubrió que se inventaba las entrevistas.

Fue descubierto por una compañera suya al preguntarle al escritor estadounidense Philip Roth por unas declaraciones que hizo en una entrevista con De Benedetti, algo que el escritor aseguró no haber dicho jamás.

Lo peligroso de internet es que alguien como De Benedetti pueda seguir publicando información sin control alguno, a pesar de haber sido señalado como un farsante.

Una de sus prácticas preferidas consistía en anunciar la muerte de personajes famosos en Twitter, como Fidel Castro.

De Benedetti se atrevió a anunciar la muerte del líder cubano a través de varias cuentas falsas. Para dar más credibilidad a sus bulos, creaba cuentas falsas de políticos famosos y las utilizaba para retuitear la información que publicaba. Muchos medios de comunicación anunciaron la muerte de Castro por error[48].

CONEXIÓN FALSA. Tiene lugar cuando los titulares no resumen con exactitud el contenido. Muchas veces se le da prioridad a escribir un título que genere el máximo posible de visitas en lugar de uno acorde a la noticia. Hay que encontrar el equilibrio entre ambos objetivos[49].

CONTENIDO ENGAÑOSO. Uso inadecuado de la información para enmarcar un tema o una persona. Uno de los ejemplos más claros son los titulares de las entrevistas, cuando sacan de contexto las declaraciones de una persona para obtener un mayor número de visitas.

CONTEXTO FALSO. El contenido de la noticia se enmarca en un escenario falso. Es decir, los hechos no discurren donde se especifica.

CONTENIDO IMPOSTOR. Las fuentes de la noticia son suplantadas. En periodismo, especificar de dónde

---

[48] https://www.lavanguardia.com/vida/junior-report/20170606/423228257931/fake-news-noticias-falsas-redes-sociales-twitter-facebook.html
[49] https://www.elconfidencial.com/

procede la información publicada es importante. Suplantar esa información supone una forma de manipulación grave.

CONTENIDO MANIPULADO La información o las imágenes ofrecidas son adulteradas. Suelen darse con el objetivo de autobeneficiarse o desprestigiar ideas o personas de forma consciente[50].

CONTENIDO INVENTADO. Contenido totalmente falso, creado con la intención de dañar o engañar. Supone la peor práctica de todas las mencionadas[51].

Cristian Cortés[52], redactor de lahoradigital.com, nos propone varias recomendaciones para detectar los engaños anteriores:

- Contrastar la fuente de la noticia. Debemos utilizar fuentes fiables, no fiarnos de cualquier sitio web. Por ejemplo, buscar en Google para comprobar si la información se ha publicado en

---

[50] https://www.periodistadigital.com/politica/20200404/rumor-divorcio-iglesias-montero-amante-incluida-sacude-cuarentena-noticia-689404288580/
[51] https://cronicaglobal.elespanol.com/vida/manual-inventa-difunde-noticia-falsa_159761_102.html
[52] https://lahoradigital.com/noticia/24859/sociedad/8-recomendaciones-para-detectar-la-desinformacion.html

otros medios de comunicación. También debemos fijarnos en las fuentes que adjunta el periodista en su noticia. Expresiones como "según fuentes fiables" o "fuentes cercanas a" deben hacernos dudar de la procedencia.

- No quedarnos en el titular. En ocasiones, el titular contiene una información que después se desmiente en el cuerpo de la noticia. A veces, también puede hacernos entender una información solo parcialmente. Si una información nos interesa, lo mejor es leerla entera, al menos, los primeros párrafos.

- Verificar la fecha de publicación. A veces, el contenido que se viraliza no es actual y no tiene sentido en el contexto en el que la estamos leyendo. Es conveniente fijarse en la fecha en la que se publicó inicialmente.

- Cuestionar la intención de dicha información. ¿Intenta informar (lo que se hace en los telediarios), convencer (dirigido al cerebro, con datos objetivos) o persuadir (dirigida al corazón, a emocionar a las personas. Lo que hacen las

ONGs)? ¿Puede existir un interés detrás? ¿Cuál es su objetivo: informar, enseñar, entretener...?

- Revisar las imágenes. ¿Está retocada? ¿Es actual? Podemos realizar una búsqueda de esa imagen para comprobarlo. Para ello, clicamos sobre la imagen con el botón derecho del ratón y seleccionamos "Buscar imagen".

- Utilizar las fuentes de datos oficiales, como INE[53] o *Eurostat*[54]. Además, si creemos que una información debería ser pública y no lo es, podemos solicitarlo mediante la Ley de Transparencia[55].

- No reenviar cadenas de *WhatsApp* sin antes consultar los medios de comunicación. Suelen ser bulos (los rumores en su fase inicial).

7.1.3. *Herramientas y técnicas de verificación*

---

[53] https://www.ine.es/
[54] https://ec.europa.eu/eurostat/home?
[55] https://www.boe.es/buscar/act.php?id=BOE-A-2013-12887

Antes de centrarnos en las herramientas y técnicas de verificación de la información, deberíamos recordar la importancia de la ética en la función periodística.

La función periodística se ejerce dentro de un estado de derecho, que podemos definir como un modelo de orden de ámbito nacional, por el que los miembros de una sociedad se consideran sujetos a códigos y procesos legales divulgados públicamente, sin hacer referencia a una ley concreta.

Desde esta perspectiva, es fundamental considerar dos capacidades:

- Del Estado para hacer cumplir los derechos humanos.

- De las sociedades para exigir su cumplimiento.

Para Olga del Río, profesora de la Universidad de Gerona[56], La resolución de ambas son indispensables para la existencia real de un estado de derecho. El reconocimiento legal de los derechos humanos es necesario pero no suficiente. Además, se requiere la aceptación social, por la que el cumplimiento de los

---

[56]
https://www.researchgate.net/publication/271344621_Democracia_Derech os_Humanos_y_Responsabilidad_Social_de_los_medios_de_comunicacio n_en_la_Sociedad_de_la_Informacion

derechos humanos necesita de la responsabilidad de todas las personas y organizaciones sociales, incluyendo los medios de comunicación.

Acercarse al estudio de la responsabilidad social lleva implícito el debate sobre el modelo de gobernanza. Más aún en el caso de los medios de comunicación que están llamados a ser socialmente responsables desde el doble rol que les corresponde como medios de comunicación y organizaciones.

Nos centramos en la responsabilidad social de los medios de comunicación como cuarto poder, que se sitúa junto a los tres poderes del Estado: ejecutivo, legislativo y judicial.

Nos aproximamos a este tema desde dos informes. El primero data de 1947 y fue muy importante porque se considera el origen de la Teoría de la Responsabilidad Social de los medios de comunicación. Nos referimos al Informe Hutchins para el estudio de la libertad de prensa. Concretó cinco funciones a las que tenían que responder los medios de comunicación en una sociedad democrática:

- Relatar los acontecimientos en su contexto y con claridad

- Fomentar el dialogo actuando como foro para el intercambio de comentarios y críticas.

- Proyectar la realidad de los grupos relevantes en cada sociedad.

- Explicar las metas y valores de cada sociedad.

- Garantizar el pleno acceso a la información importante.

Varias décadas más tarde, en 1980, surge el Informe MacBride, llamado así por su coordinador, el político irlandés Sean MacBride (1904-1988)[57]. En 1977, la UNESCO le nombró presidente de la Comisión Internacional que se encargaría de desarrollar un estudio sobre los medios de comunicación, que daría lugar a este informe, cuya profundidad quedó patente en los cuatro años de trabajo y 500 folios de extensión final.

El Informe MacBride fue elaborado por una comisión internacional de 16 destacadas personalidades[58] y publicado por la UNESCO en 1980. El objetivo de esta

---

[57] Fue Ministro de Asuntos Exteriores de Irlanda. En 1974 fue galardonado con el Premio Nobel de la Paz.
[58] El escritor colombiano García Márquez fue una de ellas

comisión era estudiar los problemas de la comunicación en las sociedades modernas, con especial atención a tres problemas:

- La circulación libre y equilibrada de la información.

- El establecimiento de un nuevo orden económico e informativo.

- La posible solución de los grandes retos a los que se enfrenta nuestra sociedad.

El Informe se inserta así en la corriente que sostenía que la comunicación social debía estar íntimamente relacionada con la discusión política, económica y social que agitaba al mundo en aquellos años.

El Informe *MacBride* concluía que la comunicación social puede ser tanto un instrumento de poder como una arma revolucionaria, un producto comercial o un medio de educación. Puede servir al progreso, a horizontes cada vez más amplios de libertad, democracia y bienestar o a la guerra, al mantenimiento de dictaduras reaccionarias o de escandalosas desigualdades y atropellos a los derechos humanos.

En España, los periodistas deben acatar el Código Deontológico de la Federación de Asociaciones de Periodistas (FAPE)[59].

En la web maldita.es[60] se especifican las herramientas de verificación más actuales para imágenes, videos, mapas y personas. La explicación de cada una de las herramientas se explica, dentro de la misma página, en otro lugar.[61]

Algunas de las aplicaciones que podemos utilizar para comprobar la veracidad de imágenes, noticias... son las siguientes:

Imágenes

- *Fotoforensincs*. Al cargar una imagen en esta herramienta nos dirá si está manipulada o no mediante el algoritmo" *Error Level Analysis*" (ELA), desarrollado por el profesor de la Universidad de Texas, el Dr. Neal Krawetz[62].

---

[59] http://fape.es/home/codigo-deontologico/
[60] https://maldita.es/herramientas-de-verificacion/
[61] https://maldita.es/malditobulo/2018/11/28/educacion-la-caja-de-herramientas-de-verificacion-para-que-no-te-la-cuelen/
[62] http://www.hackerfactor.com/about.php

- *Photoshop*. Si cargamos la imagen en Photoshop, abrimos la pestaña *Imagen → Tono* y ponemos la saturación y el tono de la imagen al máximo, esta se quemará. Si está modificada, los tonos en la zona alterada serán de un color diferente a la zona de la imagen que esté sin manipular.

Vídeo

- *InVid*. Al cargar un video, te muestra sus metadatos (contenido del archivo o información de estos). Es decir, permite al usuario saber si el contenido de un video es fiable y contactar al autor para garantizar el permiso para publicarlo y usarlo en clases o investigaciones. Además, la aplicación también permite tomar capturas al video y hacer una búsqueda de estas imágenes.

- *Google Street View*. Si recibimos un vídeo de una catástrofe natural, por ejemplo, podemos utilizar *GSV* para verificar el entorno, la geografía, el clima de la zona en cuestión y compararla con el vídeo.

Otras herramientas para tener en cuenta son las siguientes:

- *Fake news detector*. Consiste en una extensión para *Google Chrome o Firefox*. Marca en rojo las noticias falsas y en naranja las posibles. También marca en naranja los enlaces *clickbait*.

- *Wikitribune.* Es una plataforma de noticias conformada por voluntarios que crean noticias neutrales, objetivas y de alta calidad. Además, cualquiera puede editar los artículos de la web. Cuanto más tiempo permanezcas y mejor demuestres tu fiabilidad, más puestos de responsabilidad podrás escalar.

- *The trust project*. Es un consorcio internacional de medios de comunicación que establece estándares de confianza y trabaja con plataformas tecnológicas para reafirmar el compromiso del periodismo con la transparencia, la precisión, la inclusión y la imparcialidad de manera que los lectores puedan tomar decisiones informadas. En España, los diarios "El País" y "El Mundo" forman parte de esta iniciativa.

- *Vost* España. Equipo de voluntarios digitales que trabajan en situaciones de emergencia. Son expertos y ofrecen sus conocimientos a los medios de comunicación cuando la situación lo requiere. Por ejemplo, durante la campaña de incendios forestales, se encargaron de detectar y detener bulos apoyando a las cuentas de servicios de emergencia.

8. Rumores y medios de comunicación de masas

Sea cual fuere el medio de comunicación de masas utilizado, los rumores nacen, circulan y mueren como cualquier ser vivo. La prensa diaria nos permite, a través de las noticias que leemos, actualizar nuestros conocimientos sobre diversos temas.

Sobre todo, los periódicos y revistas sensacionalistas de cada país (*Sun* en Reino Unido, *Bild* en Alemania o *Pronto* en España).

Respecto a las cadenas de televisión, Telecinco es la cadena que más minutos ha dedicado y dedica a la prensa rosa y amarilla, con programas como Sálvame, Supervivientes, Gran Hermano...

Dentro de cada noticia los periodistas de estos medios de comunicación son muy hábiles mezclando, consciente o inconscientemente, hechos y suposiciones. Solamente las personas críticas por naturaleza o expertas en el tema tratado suelen plantearse esta dicotomía tan fundamental que permite interpretar y filtrar lo que estamos leyendo o escuchando en directo.

Las actividades que deben realizar a partir de la educación secundaria con prensa del día (general, rosa, amarilla y económica, sobre todo) facilita el hábito de "saber leer" en la acepción crítica de la expresión.

Las relaciones entre el poder y la prensa suelen generar, en cualquier democracia, tensiones y conflictos varios. Sobre todo, en tiempos de crisis institucional, el poder intenta ocultar información y se acoge al concepto simbólico de "seguridad nacional" para ello.

En España tenemos que redefinir el concepto de seguridad nacional. Se abusa de él en tiempos de crisis institucional para ocultar información a los ciudadanos.

Para ello, contamos en España con la Ley de Secretos Oficiales, reformada en octubre de 1978 y que, según los expertos en la materia, está desfasada[63]. En ella, los conceptos de "daño o amenaza para la seguridad del Estado" sirven para amparar la total discrecionalidad de los que aplican la Ley.

Veamos al respecto una noticia aparecida en La Razón, el 19 diciembre de 2008: (www.larazon.es).

"El ministro de Asuntos Exteriores, Miguel Ángel Moratinos, aprovechó ayer para anunciar, tras cesar de su puesto al cónsul español en Brasil -por la filtración del «informe reservado» sobre el incidente del dirigente del PP, Alfredo Prada- que reformará la «gestión» y «custodia» de los documentos internos. El jefe de la Diplomacia española consideró, además, que «probablemente habrá que revisar» la Ley de Secretos Oficiales para «garantizar» la seguridad de los textos.

---

[63] https://www.seguridadinternacional.es/?q=es/content/hacia-la-reforma-de-la-ley-de-secretos-oficiales-de-1968

Y es que, «su filtración debilita la acción del Estado y del Gobierno», dijo. Además, afirmó que, desde ayer, se ha constituido en el Ministerio un grupo de trabajo dirigido por la subsecretaria, María Jesús Figa, para estudiar esta reforma. En concreto, Moratinos avanzó que este grupo de trabajo está analizando distintos «modelos europeos» en gestión y custodia de documentos, así como el modo de circulación de informes que emplea la OTAN."

En los escándalos que afectan al poder, el "secreto del sumario" lo establece el juez que instruye el caso para evitar que la información que posee la justicia se filtre a la prensa, llegue a los afectados y dificulte la investigación.

Por contra, en EE. UU., se mantienen las tres categorías para la información clasificada (*"top secret", "secret"* y *"confidential"*) que existían con Bush y Reagan, pero los plazos para desclasificar los documentos son mucho más breves desde 1993.

Algunos de los mayores escándalos financieros del mundo han generado una gran cantidad de rumores. Desde 1995 a 2008, éstos han sido los más importantes. Todos ellos generaron gran cantidad de rumores, algunos de los cuales fueron falsos, otros se convirtieron en realidad. En su gran mayoría, fueron destapados por periodistas de investigación.

- En 1995 el corredor de bolsa Nick Leeson provocó el colapso del banco británico Barings al perder más de 1.300 millones de dólares invirtiendo en el índice Nikkei de Japón. Leeson dirigía desde la sede del banco en Singapur las operaciones de futuros en los mercados asiáticos y apostó ¡a la caída del yen! El banco perdió todas sus reservas lo que lo llevó a la quiebra. Este caso fue uno de los más espectaculares, ya que el banco Barings tenía más de dos siglos de historia y gestionaba el patrimonio de la Reina Isabel de Inglaterra. Quedó en la bancarrota. Desapareció del mapa y a los pocos meses fue vendido simbólicamente por una libra esterlina al banco holandés ING. En su confesión, Leeson declaró que sus operaciones tenían por objetivo ayudar a unos compañeros que habían generado pérdidas, pero las pérdidas nunca se recuperaron y se convirtieron en una bola de nieve hasta que reventaron. En 2020, los 1.300

millones de dólares de 1995 se habrían convertido en 2.236 [64].

- Yasuo Hamanaka era el principal inversionista en cobre de la corporación japonesa Sumitomo. Era conocido como "Sr. 5%" porque controlaba anualmente cerca del 5% del suministro mundial de cobre. En 1996, la compañía anunció pérdidas de 2.600 millones de dólares debido a operaciones no autorizadas de Hamanaka en la Bolsa de Metales de Londres. También lo acusaron de falsificar las firmas de dos de sus superiores en cartas a inversionistas extranjeros. Fue sentenciado a ocho años de prisión. En 2020, las pérdidas equivaldrían a 4.472 millones de dólares.

- Enron, la mayor empresa distribuidora de energía ocultó durante años pérdidas millonarias hasta que quebró en diciembre de 2001. Sus pasivos ascendían a más de 30 mil millones de dólares. La empresa auditora Andersen resultó sospechosa de haber destruido documentos comprometedores. Las pérdidas de este fraude

---

llegaron a los 63.400 millones de dólares. En 2020, se habrían convertido en 93.832 millones de dólares.

- El laboratorio Merck, a mediados de 2002 infló su facturación en 14.000 millones de dólares, pese a que dichos fondos correspondían a su subsidiaria Medco, encargada de proveer remedios a precios de descuento a varias cadenas de farmacia. Merck contabilizó en su columna de gastos los 14 mil millones de dólares para equilibrar las cuentas, pero el ingreso no le pertenecía y adoptó la cifra sólo para inflar las ganancias. Aunque este caso no se considera técnicamente un fraude, Merck vivió una tensa semana en Wall Street hasta poder aclarar la situación. En 2020, estaríamos hablando de 20.300 millones de dólares.

- En 2002, la telefónica *WorldCom*, segunda más importante de su tipo en EE. UU., falsificó cuentas de utilidades por un total de 3.850 millones de dólares. Cuando se supo la noticia sus acciones bajaron un 94%. En 2020, se habrían convertido en 5.582,5 millones de dólares.

- En el año 2005, Liu Qibing, un operador en la Bolsa de Metales de Londres que trabajaba para el gobierno chino apostó erróneamente a que el precio del cobre iba a caer, acumulando pérdidas por más de 800 millones de dólares. La oficina de la Reserva Estatal de Shanghái donde trabajaba, negó conocerlo. En 2020, las pérdidas se habrían convertido en 1.080 millones de dólares.

- Pero en diciembre de 2008 la prensa destapó el más grande de todos. Estaba liderado por Bernard L. Madoff, expresidente de Nasdaq y uno de los inversores más activos de los últimos 50 años. Fue detenido por el FBI tras confesar que su negocio era un "esquema Ponzi gigante" y que habría causado pérdidas de 50.000 millones de dólares a sus clientes. Un esquema Ponzi es un fraude piramidal: la rentabilidad prometida se paga con el dinero ingresado mediante la entrada de nuevos clientes. Sin embargo, todavía quedan muchas incógnitas por resolver (que han dado lugar a múltiples rumores de todo tipo), incluido si realmente los clientes perdieron 50.000 millones de dólares.

Fue condenado a 150 años de cárcel. En 2020, se hubieran convertido en 61.000 millones de dólares.

Una encuesta realizada por *The Wall Street Journal* en el año 2005 puso de manifiesto que gran parte de los escándalos financieros más importantes de las últimas décadas han sido protagonizados por licenciados por la Universidad de Harvard.

Aunque su reputación es muy buena, Harvard tiene un estigma: genera la obsesión de ganar dinero pasando por encima de los principios éticos, sin más ley que el enriquecimiento rápido y la avaricia, siguiendo la filosofía de Gordon Gekko, el personaje de la película "Wall Street" dirigida en 1987 por Oliver Stone, famoso por su frase: *"La codicia es buena"*.

En España también tenemos algunos ejemplos que relacionan directamente las noticias falsas con las estafas a gran escala.

Gescartera, una agencia de valores propiedad de Antonio Camacho, estafó en 2001 unos 100 millones de euros a sus 4.000 clientes, entre ellos, una treintena de órdenes religiosas e instituciones militares, y que provocó el cese de la presidenta de la

CNMV y del entonces secretario de Estado de Hacienda, Enrique Giménez-Reyna por haber sido Consejero de una de las sociedades sancionada por la CNMV en 1995. Gescartera estaba presidida por la hermana de Giménez-Reyna, Pilar[65]. En 2020, se hubieran convertido en 137 millones de euros.

También cabe recordar las crisis de Banfisa (Banco Filatélico Español), Banesto (1993) o Rumasa (1983 y 2011).

Esta última fue todo un acontecimiento en 1983 y lo ha vuelto a ser en 2011, por lo que merece una especial atención.

Rumasa (Ruiz Mateos Sociedad Anónima) era un grupo de empresas español propiedad de José María Ruiz Mateos (1931-2015) su fundador. Rumasa fue expropiada por el gobierno español del PSOE, en virtud del Decreto-Ley 2/1983.

El grupo Rumasa, en el momento de publicarse la disposición, estaba constituido por 700 empresas, con una plantilla que alcanzaba las 65.000 personas,

---

[65] https://elpais.com/diario/2001/07/21/economia/995666402_850215.html

facturando más de 2.000 millones de euros anuales. Tras la expropiación fue reprivatizada por partes.

El 23 de febrero de 1983, el Consejo de Ministros del Gobierno de España decreta la expropiación forzosa del grupo al amparo de las previsiones contenidas en los artículos 33.3 y 128.2 de la Constitución española. Las razones aducidas en el decreto de expropiación son:

- Desde 1978, la falta de auditorías externas a los bancos del grupo como de sus sociedades más importantes.

- La permanente obstrucción a la actividad inspectora del Banco de España.

- Los riesgos excesivos que asumieron los bancos que financiaban internamente al grupo con respecto a su solvencia.

- La desatención a las múltiples advertencias de las autoridades monetarias a RUMASA, recomendando una política más prudente de inversiones y una desconcentración de riesgos la arriesgada espiral de adquisiciones e inversiones del grupo.

RUMASA adeudaba a la Seguridad Social unos 2.000 millones de euros y no ingresaba a Hacienda el I.R.P.F. que descontaba a los 65.000 trabajadores.

El gobierno usó la expropiación, en lugar de una intervención limitada a los bancos, por la complejidad del entramado del grupo y al no considerar los problemas como coyunturales, sino estructurales. Entre las razones aducidas estaban la utilidad pública e interés social, la defensa de la estabilidad del sistema financiero y de los intereses legítimos de los depositantes y trabajadores y, finalmente, el respeto de los derechos de los accionistas mediante el pago por sus acciones.

Miguel Boyer, ministro de Economía y Hacienda cuando se produjo la expropiación y uno de los responsables últimos de la misma, afirmó en 1997 que: "la expropiación de Rumasa no fue una medida sancionadora o punitiva contra Ruiz-Mateos por unos presuntos delitos que hubieran correspondido a los tribunales depurar. Fue una medida de política económica, con la que se quiso evitar la crisis total de un grupo en quiebra, que, en las difíciles circunstancias por las que atravesaba el país en 1983, podrían tener unas consecuencias muy graves".

En febrero de 2011, veintiocho años más tarde, Nueva Rumasa, holding de la familia Ruiz Mateos volvió a ser noticia: sus 10 mayores empresas se acogieron a la Ley Concursal para tratar de evitar una inminente suspensión de pagos.

Nueva Rumasa, a diferencia de la Rumasa original, no era un holding (empresa que posee la mayoría de las acciones de otras) sino un grupo de empresas que se gestionan coordinadamente, pero sin dependencia financiera.

Nueva Rumasa tenía una deuda de 700 millones de euros con 23 instituciones bancarias, acreedores y organismos públicos como Hacienda y Seguridad Social.

La deuda de Cacaolat, Carcesa, Clesa y Dhul, las cuatro compañías para las que el grupo Nueva Rumasa había solicitado el concurso voluntario de acreedores, ascendía en 2009 a 577,8 millones de euros, según las últimas cuentas depositadas en el

Registro Mercantil (Fuente: www.finanzas.com, 18 de marzo de 2011).

Desde el año 2009, Nueva Rumasa venía captando financiación de pequeños inversores mediante emisiones de pagarés que, con un importe mínimo de 3.300 euros, se comprometía a devolver con un 8% de rentabilidad anual.

La empresa aseguró que 5.000 inversores habían confiado en la compañía desde entonces, pese a que la Comisión Nacional del Mercado de Valores (CNMV) advirtiera hasta en siete ocasiones del riesgo que ello representaba.

En uno de ellos advertía que "Las emisiones de pagarés no han sido inscritas en el Registro Mercantil, lo que supone, sin perjuicio de otras posibles consecuencias, que no han sido objeto de revisión y calificación por un Registrador Mercantil".

Actualmente existe una web que asesora a los miles de afectados por NUEVA RUMASA[66]. En este caso, la comunicación informal que maneja por separado cada

---

[66] https://www.yvancosabogados.com/nueva-rumasa/

afectado, se convierte en comunicación formal que recoge una firma internacional de abogados. Es una excelente iniciativa.

El llamado caso Banesto hace referencia a una trama de corrupción empresarial en esta sociedad financiera española, que estalló a finales de 1993 y que terminó con la condena judicial de los entonces responsables del banco, con su presidente Mario Conde a la cabeza.

La existencia de un agujero patrimonial de 3.636 millones de euros llevó el 28 de diciembre de 1993 al Banco de España a intervenir Banesto y a destituir al que hasta entonces era presidente de la entidad, Mario Conde, y todo su consejo de administración, haciendo caso omiso a una ampliación de capital respaldada por el banco norteamericano *J.P. Morgan & Co*.

Mario Conde, máximo dirigente del banco, había apostado en los años previos a la intervención por una estrategia de crecimiento de la entidad mediante la expansión de los créditos, en un momento en que la morosidad bancaria crecía a un gran ritmo.

Tras la intervención, un equipo de gestores procedentes del BBV, encabezado por Alfredo Sáenz, asumió el control del banco y se encargó de ejecutar un plan de saneamiento. El 25 de abril de 1994, el Banco Santander gana al BBV y a Argentaria en la subasta organizada para adjudicar el banco y se queda con el 73,4% de Banesto por 1.682 millones de euros, convirtiéndose en el banco más grande de España.

Capítulo aparte merecen los escándalos más recientes relacionados con la construcción y el uso indebido del poder municipal con epicentro en Marbella y ahora trasladado a otra escala a casi un centenar de ayuntamientos de pequeño tamaño con el suelo recalificado y promociones ilegales como testigo de cargo.

En 2005 saltó a la luz la operación Ballena Blanca, una red de blanqueo de dinero que ha trabado relación con uno de los directivos de Fórum, en la que resultaron implicadas medio centenar de personas, entre ellos abogados y notarios.

La operación Malaya acabó llevando a la cárcel a casi toda la corporación municipal marbellí, al ex responsable de urbanismo Juan Antonio Roca y a un grupo de empresarios inmobiliarios de la zona.

Después de la denuncia de la Fiscalía Anticorrupción, en 2009, contra Francisco Hernando, El Pocero,[67] por la construcción de 13.500 pisos en la localidad toledana de Seseña, la corrupción urbanística ha invadido la actividad política con acusaciones entre los dos principales partidos, Popular y PSOE.

La Fiscalía también ha actuado contra los exalcaldes socialistas de Ciempozuelos (Madrid), imputados por los delitos de cohecho, prevaricación y tráfico de influencias por el presunto cobro de una comisión de 40 millones al lograr una recalificación. El panorama se ha enfangado más y los escándalos se suceden. La mancha urbanística se extiende por toda la geografía.

Es el nuevo mapa de la corrupción, excelente caldo de cultivo para rumores de todo tipo.

Escándalos financieros, rumores y medios de comunicación de masas están muy relacionados.

---

[67] Víctima del COVID-19 en abril 2020

Escuchar la radio es compatible con otras actividades, por lo que los oyentes prestan la justa atención a las noticias o debates tan comunes en ciertas emisoras. Esto hace que la comunicación sea abierta y que cada oyente tienda a "cerrarla" con detalles propios.

Por último, la televisión es el medio de comunicación de masas más utilizado en nuestra civilización. Desde su entrada en España en el año 1950, su influencia en el espectador es muy grande, ya que la cultura de la imagen ha sustituido a la cultura del "oído" que acompañó a nuestros mayores e hizo de la radio su compañera inseparable. La prensa aunque es el más antiguo de los tres, también se ha resentido, ya que en España se leen pocos periódicos en comparación con otros países occidentales.

A pesar de ello, la prensa ha sabido adaptarse a los cambios y supo hacerse un hueco primero con la radio y, más tarde, con la televisión.

Cualquier medio de comunicación de masas utiliza estereotipos que tienen la finalidad de "hacer razonablemente creíble" la noticia y que introducen informaciones no confirmadas en su totalidad, ofreciendo a lectores, oyentes y espectadores hechos que, en realidad, son suposiciones.

Veamos algunos de los más frecuentes: "Ciertas informaciones aseguran que...", "Existen claros indicios de que...", "En sectores cercanos a... se dice que..."; "Según fuentes de toda solvencia...", "Se da como muy probable que...", "Al parecer...".

8.1. Prensa

Es el medio informativo en el que más circula el rumor y con más facilidad manipula la información. Si compramos varios periódicos el mismo día y comparamos sus portadas, titulares, situación de las noticias, etc., nos percataremos que la misma noticia según la página en la que se inserta, el tamaño de sus titulares y la tendencia política del periódico es percibida de muy distinta manera por el lector.

Es difícil saber si la prensa contagia a los lectores o es a la inversa. La mera sospecha se está convirtiendo en nuestra sociedad en el equivalente a una condena en firme. Cualquier ocasión es aprovechada para cargarse al rival, para vengarse de quien molesta o se envidia, para intentar arruinar carreras y desacreditar reputaciones.

Diferenciamos cinco tipos de prensa en España. Cada una de ellas tiene un público objetivo y, por tanto, un tipo de rumor:

- Prensa generalista. Diarios como ABC, El País...

- Prensa económica. Por ejemplo, Expansión.

- Prensa Deportiva. Por ejemplo, Marca

- Prensa Rosa. Revistas como Hola o Lecturas.

- Prensa Amarilla. Revistas como Pronto

Atendiendo a un criterio temporal, las relaciones entre el rumor y la noticia son los siguientes:

- Precediéndola. El rumor es la antesala de la noticia.

- Acompañándola. Cuando la noticia no queda explicada suficientemente, se introducen detalles en el predicado (qué cosas hace alguien) que ayudan a racionalizar y dar coherencia interna al tema.

- Sustituyéndola. Cuando no hay noticias, se cubre este vacío con rumores (suposiciones en lugar de hechos).

- Siguiéndola. La difusión de una noticia importante y ambigua genera entre los lectores una serie de rumores introduciendo explicaciones que hagan coherente el mensaje a una gran mayoría de personas no expertas en el tema.

Lo cierto es que alguna prensa dice lo que se le ocurre, con mala intención, irresponsabilidad o ligereza, siguiendo el refrán tan español de "Calumnia que algo queda". Sobre todo, con personajes públicos.

Menos mal que los calumniadores no se ponen de acuerdo en sus certidumbres, totalmente infundadas.

Existen rumores propios de la prensa económica, de la prensa amarilla (sensacionalista), de la prensa rosa, la deportiva o la generalista. Cada tipo de prensa tiene sus propios rumores.

Por ejemplo, la prensa amarilla utiliza una estrategia típica en la génesis del rumor. Bien de forma involuntaria o voluntaria, contribuye al nacimiento de rumores al informar sobre hechos importantes y ambiguos al mismo tiempo, utilizando a personajes famosos o famosillos a su antojo.

También propicia los rumores relatando los hechos con ambigüedad, dejando huecos que los lectores rellenan para darles coherencia, pero una coherencia subjetiva que depende de sus prejuicios, su escala de valores o, simplemente, de su simpatía o antipatía por las personas implicadas.

Con respecto a su transmisión, la prensa ofrece los rumores al lector como una falsa alarma, ofreciendo como noticias hechos no confirmados o de forma que el redactor salve su responsabilidad aún a sabiendas que parte de la información que publica son hipótesis propias o difundidas por alguna fuente sin confirmar.

Por último, en la extinción del rumor la prensa suele publicar notas aclaratorias de entidades públicas o privadas e incluso particulares que pretenden cortar de raíz rumores publicados en prensa o, incluso, escuchados por radio o televisión, que afectan directa y negativamente a su imagen social.

El club Blaugrana desmintió haber llegado a un acuerdo con el atacante del Atlético de Madrid *Antoine*

Griezmann para incorporarlo tras la presente temporada[68].

El Barcelona publicó días después un comunicado para desmentir que hubiera llegado a un acuerdo con el atacante francés del Atlético de Madrid para incorporarlo en la presente temporada, como había publicado el diario deportivo Sport.

El jugador se incorporó al club de la ciudad condal, a mediados de julio de 2019.

8.2. *Radio*

El 30 de octubre de 1938, noche de Halloween, *Orson Welles* (1915-1985) adaptó "La guerra de los mundos", novela de ciencia ficción de *H.G. Wells*, a un guión de radio.

Los hechos se relataron en forma de noticiario, narrando la invasión de naves marcianas que derrotarían a las fuerzas norteamericanas usando un "rayo de calor" y gases venenosos. La

---

[68] https://lanaciondeportes.com/noticias/el-comunicado-del-barcelona-desmintiendo-rumores/

introducción del programa explicaba que se trataba de una dramatización de la citada obra. En el minuto 40, aparecía el segundo mensaje aclaratorio, seguido de la narración en tercera persona de *Orson Welles*.

Pero desde el minuto 25 de programa (de los 60 que se mantuvo en antena), muchos oyentes pensaron que realmente estaban siendo invadidos por los marcianos.

En la emisión radiofónica de "La Guerra de los Mundos", *Welles* interpretaba al profesor *Pierson*, el científico que explicaba lo ocurrido.

La emisión empezaba así: *"Señoras y señores, les presentamos el último boletín de Intercontinental Radio News. Desde Toronto, el profesor Morse de la Universidad de McGill informa que ha observado un total de tres explosiones del planeta Marte entre las 7:45 PM. y las 9:20 PM"*.

Los oyentes que sintonizaron la emisión y no escucharon la introducción, pensaron que se trataba de una emisión real de noticias, lo cual provocó el pánico en las calles de *Nueva York* y *Nueva Jersey* (donde supuestamente se habrían originado la invasión marciana).

Las comisarías de policía y las redacciones de los principales periódicos estaban bloqueadas por las llamadas de oyentes aterrorizados que intentaban protegerse de los ataques con gas de los marcianos.

Al día siguiente, se pidieron explicaciones y exigieron responsabilidades, de modo que el propio *Welles* pidió perdón por lo que muchas personas consideraron una broma pesada.

La histeria colectiva demostró el poder de los medios de comunicación de masas, y este curioso episodio catapultó su carrera, que comenzaba entonces, a los 23 años.

La radio, al carecer de un soporte visual como la televisión, ofrece una comunicación abierta que tendemos a cerrar y completar con nuestra propia escala de valores, carencias, expectativas y muchas cosas más.

Actualmente, las tertulias proliferan en todas las emisoras no especializadas. Si escuchamos lo que en ellas se dice y la ligereza con que se suele hablar de temas muy importantes, nos daremos cuenta de la cantidad de rumores que nacen diariamente a través de las ondas radiofónicas.

8.3.   Televisión

La televisión en España comenzó su emisión analógica en octubre de 1956, cuando la emisora estatal, Televisión Española (TVE) inició las transmisiones regulares. Operó en solitario hasta 1966, cuando se lanzó un segundo canal (ahora La 2).

La 1 y La 2 fueron los únicos canales de televisión autorizados en España hasta 1982, cuando *Euskal Telebista* fue lanzado en el País Vasco y, al año siguiente, TV3 en Cataluña, poniendo así fin al monopolio de TVE.[69]

Los primeros canales privados comenzaron a aparecer en 1989. Las transmisiones regulares en color comenzaron en 1974 después de dos años de transmisiones de prueba, toda la programación fuer transmitida en color.

---

[69] http://www.talkingtelevision.org/television-espana/

Actualmente, la televisión es uno de los principales medios de comunicación y en 2008 ya se encontraba en el 99,7% de los hogares en España, según estadísticas del INE.

Desde la aparición de la Televisión Digital Terrestre en 2008, la gran cantidad de oferta visual hace que convivan canales de todo tipo: privados, públicos, temáticos...

Pero la lucha por las audiencias es más antigua. Un ejemplo lo tenemos en ciertas cadenas privadas de televisión, que intentan anticiparse a la competencia, produciéndose situaciones como la siguiente.

Cuando el primer ministro israelí Isaac Rabin fue asesinado en 1995, una cadena de televisión privada informó en su noticiario que había sido "herido" en un atentado hacía unos minutos y que esperaban conectar con su enviada especial para que ampliara la noticia.

Pocos minutos después, otra cadena de televisión (estatal) anunciaba que el primer ministro israelí había sido asesinado mientras se celebraba una concentración por el proceso de paz en la zona.

La cadena privada no esperó a confirmar el hecho

objetivo: Isaac Rabin había sido objeto de un atentado, pero no se sabía con certeza su estado. Desde luego la noticia fue impactante pero, se pecó de impaciencia al no confirmar antes de emitir. Lo importante era dar la noticia en primer lugar.

Al ser un medio visual y, debido a la gran influencia que tiene, la televisión es más fácil de utilizar para la génesis y propagación de rumores, sobre todo, hostiles. Recuerden el caso del famoso vídeo en el que intervenía un perro, su ama y un tarro de mermelada.

Concluyendo, diremos que, en cualquier organización, la red informal de comunicación es inversamente proporcional a la eficacia de la red formal. En buena lógica, si no existe red formal, las personas deben "saciar" su sed de información de alguna forma.

Y la forma más usual de hacerlo es crear una red informal de comunicación a la que los niveles ejecutivo y directivo tienen dificultades para entrar directamente. En estos casos, se envían mensajeros que actúan como su voz y sus oídos. Para que sean realmente efectivos, deben mantenerse bajo un anonimato absoluto.

Programas como "Supervivientes" de Telecinco[70],

utilizan la estrategia de convencer a personajes más o menos conocidos para que se interrelacionen en una playa remota y se les pueda filmar desde el amanecer hasta el anochecer. Un "Gran hermano" con poca ropa.

Lo que sorprende son los salarios semanales que paga la cadena a estos personajes. En esta edición de 2020, Rocío Flores cobra casi 30.000€ semanales (unos 120.000€ al mes).

Muchos jóvenes españoles de su edad (23 años) tardan años de su vida en ingresar esta cantidad. Y eso, si tienen mucha suerte. Muchos firmarían por asegurarse 20.000€ brutos anuales durante 6 años.

Isabel Pantoja en Supervivientes 2019, cobraba 80.000€ semanales. Cada edición suele durar 10 semanas. Calculen ustedes cuantos años deben trabajar para ingresar los 800.000€ que ingresó esta señora en dos meses y medio.

8.4. *Ordenadores y teléfonos inteligentes*

---

[70] https://www.telecinco.es/blogs/lossupervivientes19y20/

En junio de 2008, se publicó un estudio del "Observatorio de Internet Francesc Canals"[71] que concluía que, desde España se fabricaban el 70% de los rumores que circulaban por Internet en todo el mundo.

A través de internet, los rumores pueden ser clasificados en función de sus objetivos, a saber: transversal, troll, spam, extremo, recurrentes, falsamente documentados, financieros e internacionales. Veamos cada uno de ellos.

El **rumor transversal** se sirve de otros medios de comunicación para lograr su difusión. Por ejemplo, rumores que llegan como correo basura y que acaban siendo publicados como noticia en otros canales digitales como blogs, diarios, revistas...

Los **rumores troll**[72] son publicados de manera fraudulenta por ciertas personas para que afecten, de forma negativa, a la credibilidad de personas, empresas, instituciones o marcas. Por ejemplo, escritores acusados falsamente de copiar parte de alguna de sus obras o utilizar terceras personas para que se las escriban.

---

[71] http://www.fcanals.com/
[72] Persona que publica noticias en Internet ocultando su identidad

Los **rumores spam**[73] llenan diariamente nuestras bandejas de entrada de correos electrónicos que no hemos solicitado. Se multiplican exponencialmente gracias a los reenvíos.

El **rumor extremo** es el más agresivo, ya que comporta consecuencias muy negativas para su receptor. Por ejemplo, cuando una persona es falsamente acusada de ser pederasta para destruir su reputación. Esta persona suele perder su empleo, tiene dificultades para encontrar otro y es repudiado socialmente.

Los **rumores recurrentes** se vuelven activar ante la llegada de un acontecimiento, fecha o época: Navidad, comienzo de la liga de fútbol, elecciones...

Los **rumores falsamente documentados** se llevan a cabo gracias a la habilidad de algunas personas para manipular fotos y documentos de todo tipo con el software adecuado.

Los **rumores financieros** tienen como objetivo engañar económicamente a sus víctimas. Por ejemplo, falsas inversiones después de desastres naturales, rumores sobre la inminente subida de acciones de una

---

[73] Correo no deseado

compañía... El estafador puede argumentar su acción con noticias de prensa publicadas a raíz de un rumor generado por él mismo y que contribuirían a fundamentar su petición de dinero.

Los **rumores internacionales** viajan de un país a otro con rapidez. Dentro de este apartado, se pueden incluir subrumores científicos, deportivos...

Por ejemplo, cuando surgió el Covid19 en diciembre de 2019, en la provincia china de *Hubei* (59 millones de habitantes), dijeron fuentes bien informadas (¿o no?) que en un mercado de animales vivos de su capital *Wuhan* (11 millones de habitantes). A partir de ese momento, comenzaron a surgir cientos de rumores en el resto del mundo.

Otros rumores científicos han salpicado la historia de la humanidad. En los últimos cincuenta años, se han retirado 2.200 artículos científicos de revistas de primer nivel por considerarlos un fraude por la comunidad científica.

Pedro Gargantilla (Madrid, 1972) médico, escritor y divulgador científico, nos explica cómo funcionan este tipo de fraudes[74].

---

[74] https://www.abc.es/ciencia/abci-mayores-fraudes-cientificos-historia-

Uno de los más sonados de la Historia de la antropología fue protagonizado por *Arthur Smith Woodward,* director del Departamento de Geología del Museo Británico de Historia Natural y presidente de la Sociedad Geológica británica y *Charles Dawson,* arqueólogo aficionado y abogado especialista en antigüedades.

Dawson, personaje que siempre quiso notoriedad, necesitaba una cara científica y convenció a *Woodward* de la importancia de su "descubrimiento".

De esta forma, ambos anunciaban al mundo el nacimiento del hombre de *Piltdown* (ciudad ubicada en la región de *Weald, Sussex,* sureste de Reino Unido), un nuevo homínido que se vendió como el eslabón perdido entre el *homo sapiens* y sus antepasados[75]. El espécimen tenía una bóveda craneal con rasgos humanos y una mandíbula de aspecto simiesco.

Estos dos personajes fueron ayudados por otros tres cómplices: *Martin Hinton,* el conservador del Museo Británico de Historia Natural, el polémico sacerdote

---

202002020212_noticia.html
[75] https://www.abc.es/ciencia/abci-hombre-piltdown-cien-anos-201212130000_noticia.html

jesuita, poeta místico y paleontólogo *Pierre Teilhard de Chardin*[76] y el famoso escritor escocés *Sir Arthur Conan Doyle*.

El padre literario de *Sherlock Holmes* tenía una finca por la zona, en la que le gustaba pasar los veranos y jugar al golf. Como también era coleccionista de fósiles, se interesó por el trabajo que llevaban a cabo los paleontólogos en *Piltdown*. En 1912, el mismo año que se presenta al mundo científico el gran descubrimiento, publicó *Conan Doyle "El Mundo Perdido"*, novela en la que narra cómo los dinosaurios convivían con hombres prehistóricos en Sudamérica. Curiosamente, también describía lo fácil que sería engañar a los científicos contemporáneos creando una farsa con fósiles.

El *Eoanthropus dawsoni* (llamado así en honor a su "descubridor" *Dawson*) fue durante cuarenta y un años (entre 1912 y 1953) un hallazgo que pasó de primicia mundial a fraude total: a un cráneo humano se le había añadido una mandíbula de orangután[77].

---

[76] https://www.tendencias21.net/El-fraude-del-Eoanthropus-cumple-un-siglo-con-todas-sus-incognitas_a12981.html
[77] https://historia.nationalgeographic.com.es/a/hombre-piltdown-uno-mayores-fraudes-cientificos_6879/3

Muchos los países mostraron dudas más que razonables a la veracidad de los resultados. Sobre todo, porque los ingleses no dejaban a otros paleontólogos analizar el cráneo encontrado.

El fraude de *Piltdown* no ha sido el único dentro de la historia de la paleontología. Mas recientemente, en el año 2000, se denunció un fraude que tuvo su epicentro en la ciudad japonesa de *Tsukidate*, cuando el famoso arqueólogo *Shinichi Fujimura*[78], fue fotografiado enterrando de madrugada artefactos supuestamente prehistóricos que sus colaboradores desenterraban durante el día.

Se sospechó lo suficiente para que uno de los principales periódicos japoneses, el *Mainichi Shimbun*, decidiera investigar, fotografiara a *Fujimura* en el momento de enterrar las piezas y destapara el fraude. Otros colegas paleontólogos, menos afortunados, también sospechaban de la "mano divina" de su colega *Fujimura*.

Si hiciéramos un *Guinness* de los Récords de la «engañología», término acuñado por Federico di

---

[78] https://pseudociencia.miraheze.org/wiki/Shinichi_Fujimura

Trocchio (1952-2013)[79], nos encontraríamos en la primera posición al anestesista japonés *Yoshitaka Fujii*, que se inventó 183 artículos en ocho años (una media de 23 artículos anuales, casi dos al mes durante todos esos años).

Fue la Sociedad Japonesa de Anestesistas la primera en detectar ciertas irregularidades en sus publicaciones, que iban desde la falsedad de datos estadísticos hasta la invención de pacientes inexistentes.

Es sospechoso que tardaran ocho años en darse cuenta que no es factible publicar tantos artículos en un campo en el que se hace necesario esperar semanas o meses para ver resultados fiables.

El "científico" nipón desplazó a otro anestesista, en este caso alemán, a la segunda posición. El doctor *Joachim Boldt* (nacido en 1957), que falseó datos en 97 artículos relacionados con la medicina intensiva y de anestesia, además de no contar con las preceptivas aprobaciones de los comités éticos para realizar sus estudios[80].

---

[79] Historiador italiano especializado en temas científicos
[80] https://pseudociencia.miraheze.org/wiki/Joachim_Boldt

A estos dos grandes genios del fraude les siguen el osteólogo japonés *Yoshihiro Sato*[81] y el psicólogo social neerlandés *Diederik Alexander Stapel.*

Yoshihiro Sato, se suicidó en enero de 2017. Hay evidencias de que ha publicado 33 artículos fraudulentos y sospechas sobre otros muchos de sus más de 200. Los estudios publicados sobre cómo reducir el riesgo de fracturas de hueso se han incluido en muchas revisiones sistemáticas (metaanálisis) que influyen en la práctica clínica de muchos de sus colegas. Hay personas sufriendo el fraude cometido por Sato en su propio cuerpo[82].

Observamos cinco japoneses entre los diez científicos con más artículos retractados. Hay que destacar que Japón contribuye con el 5% de toda la ciencia publicada en el mundo.

¿Por qué hay tantos científicos fraudulentos en Japón?

Según *Michiie Sakamoto* (Universidad de Keio) es una cuestión de respeto. «En Japón nadie duda de un

---

[81] https://www.sciencemag.org/news/2018/08/researcher-center-epic-fraud-remains-enigma-those-who-exposed-him#
[82] https://francis.naukas.com/2018/08/17/como-una-ola-de-fraude-cientifico/

catedrático. Todo el mundo confía en quien ocupa un cargo científico».

¿Por qué Sato publicó tantos artículos fraudulentos?

En Japón la única explicación plausible es que era un *otaku* y padecía una obsesión compulsiva similar al enganche de los jóvenes por el manga o por los videojuegos. Equivale a nuestro "friki" y se traduce en japonés como "el que no sale de casa".

De hecho, *Sato* era el único científico de su institución, el Hospital *Mitate* de *Tagawa*, ciudad con unos 50.000 habitantes de la isla *Kyushu,* ubicada al sur de Japón.

Entre 1996 y 2016 todos los artículos de este hospital, excepto uno, estaban firmados por *Sato*.

¿Cómo es posible que nadie sospechara de la veracidad de sus estudios con miles de pacientes en una pequeña ciudad en una isla remota?

El doctor *Diederik Alexander Stapel*[83] era un reputado profesor de psicología social en la Universidad de *Tilburg* (sexta ciudad por número de habitantes de

---

[83] http://www.manzanaspodridas.com/

Países Bajos), hasta que esta Universidad le suspendió por fabricar y manipular datos para sus publicaciones en revistas de investigación del primer cuartil, las más reputadas en el ámbito científico, como *Science*.

La historia se desarrolla en 2011, cuando el 24 de abril los habitantes de *Tilburg* se despertaron orgullosos con la noticia. Un científico de su universidad había conseguido publicar un artículo en la prestigiosa revista *Science*.

Nadie preveía que seis meses después, el mismo profesor sería despedido por haber estado engañando a la comunidad académica y científica durante años.

Entre 1995 y 2015, *Stapel* publicó alrededor de 150 artículos en revistas científicas, muchos de los cuales resultaron ser fraudulentos. Actualmente aparecen 58 como retirados en la base de datos de *Retraction Watch*[84] por falsificación y fabricación de datos.

Stapel era un profesor de gran prestigio, incluso en 2009 recibió el premio a la trayectoria profesional de la *Society of Experimental Social Psychology*[85].

---

[84] https://retractionwatch.com/
[85] https://www.sesp.org/

En el año 2005, el profesor *Martinson* publicó un artículo en *Nature* en el que afirmaba que el 11% de los investigadores encuestados había admitido realizar prácticas de investigación «cuestionables» en algún momento de su carrera.[86]

En 2012, la revista *PNAS* publicaba un artículo en el que se alertaba del incremento del fraude científico desde 1975, ya que se había multiplicado por diez y que la gran mayoría de los trabajos que han sido retirados se deben a engaños intencionados, no a fallos involuntarios en la metodología.

En algunos casos es muy complicado combatir los fraudes porque han calado hondo en la sociedad y tienen decenas de miles de seguidores por todo el mundo.

Esto ha sucedido con la publicación del gastroenterólogo británico *Andrew Wakefield*, que en 1998 vinculaba la vacunación triple vírica, que protege frente a las paperas, el sarampión y la rubeola, con la aparición de autismo.

---

[86] http://gerente.com/es-us/new-rss/los-mayores-fraudes-cientificos-de-la-historia/

Aunque actualmente está demostrado que *Wakefield* manipuló los datos y falseó la información para recibir una compensación económica. Pero, desgraciadamente, todavía hoy son muchas las personas que siguen actuando de altavoces de este fraude científico.

Alrededor de los jugadores de fútbol por los que el mercado paga demasiados millones de euros, surgen rumores constantemente: cambio de club, problemas con el entrenador, con el presidente del club, con su pareja, hijos fuera del matrimonio, amantes...

Para los amantes del futbol y sus múltiples cotilleos, se recomienda la web https://www.transfermarkt.es/.

Con la masificación de la informática personal, el ordenador y los teléfonos inteligentes se han sumado a los ya tradicionales medios de comunicación en la emisión y transmisión de rumores.

Hoy en día, podemos seguir las noticias en tiempo real a través de la web de la Agencia EFE[87] o leer cualquier tipo de prensa en los más de 500 diarios digitales que,

---

[87] https://www.efe.com/efe/espana/1

en su edición electrónica o exclusivamente digital nos sobreinforman sobre cualquier tema.

Esta facilidad de uso hace que estas herramientas tecnológicas puedan ser utilizadas para lanzar y transmitir toda clase de rumores que, una vez iniciados, son casi imposibles de parar. A través del correo electrónico o *chat* ("charla" en inglés), cualquiera de nosotros puede convertirse en confidente o pregonero de un bulo o rumor.

Un fenómeno aparecido hace unos años y que ha conquistado Internet son las Redes Sociales. El origen de las redes sociales se remonta a 1995, cuando *Randy Conrads* crea el sitio web *classmates.com*.

Con esta red social se pretendía que la gente pudiera recuperar el contacto con antiguos compañeros de colegio, instituto o universidad.

A partir de 1997 comienzan a popularizarse hasta hoy, cuando son millones de personas las que, diariamente, se conectan a ellas.

Actualmente, hay cientos de redes sociales en Internet. Según *Nextu*[88] las seis redes sociales que cuentan con

---

[88] https://www.nextu.com/blog/top-10-redes-sociales/

un mínimo de mil millones de usuarios son las siguientes:

- *Facebook,* 2.320 millones
- *YouTube*, 1.900 millones
- *WhatsApp*, 1.600 millones
- *Facebook*, 1.300 millones
- *WeChat,* 1.098 millones
- *Instagram*, 1.000 millones

Menos *WeChat*, las otras cinco nacen en Estados Unidos, donde las leyes de protección de datos de los usuarios son bastante laxas[89] en comparación con las mismas leyes dentro de la Unión Europea.

Lo cierto y verdad es que las redes sociales pueden ser un caldo de cultivo especial para los rumores, los bulos y las *fake news*.

Según investigaciones realizadas en 2007 utilizando la Teoría de Grafos, el número de contactos influye directamente en ser víctima de un rumor a través de las Redes Sociales[90].

---

[89] https://es.mailjet.com/blog/news/noticiasproteccion-de-datos-eeuu/
[90] https://neofronteras.com/?p=1020

Este número ideal ni es muy grande ni muy pequeño, por lo que si una persona tiene muchos contactos, será más propenso a ser víctima de rumores. De la misma forma, influye el tamaño de la Red Social: cuanto más grande sea, con más facilidad se transmite el rumor.

Facebook, por ejemplo, tiene más de dos mil trescientos millones de usuarios, muchos de los cuales se suelen conectar diariamente y, en estas semanas de confinamiento más o menos estricto, a todas horas. Una de las conclusiones del estudio propone que tener más amigos que el número óptimo hace que el riesgo de ser víctima de un rumor sea mayor, pero disminuye su velocidad de propagación.

Esta red social es muy utilizada para lanzar bulos contra el COVID-19. Por ejemplo, el que asegura que beber mucha agua y hacer gárgaras con agua tibia, vinagre o sal previene la infección por este virus[91].

El estudio no tiene en cuenta las consideraciones morales y éticas, sólo describe cómo se propagan los rumores sobre personas en una red social teniendo en

---

[91] https://maldita.es/malditobulo/2020/04/03/coronavirus-bulos-pandemia-prevenir-virus/

cuenta dos factores: a cuantas personas alcanza el rumor y su tiempo de propagación.

Pero las redes sociales no son ajenas, como organizaciones, a los bulos y rumores.

Nos debemos plantear la siguiente cuestión: ¿Es *Facebook* un medio de comunicación o una red social?

Facebook comenzó siendo una red social para unir personas, pero en los últimos años se ha dedicado más bien a separarlas, según sus propios empleados. Un reportaje publicado en *Vanity Fair*[92] en abril de 2018, explica en detalle la historia interna de por qué y cómo *Facebook* se ha convertido en un medio de comunicación.

En 2012 la red social más activa en la distribución de noticias *online* era *Twitter*, por lo que el creador de *Facebook*, *Mark Zuckerberg*, decidió poner en funcionamiento una estrategia que ya había utilizado contra otros competidores que no podía comprar: copiarles y luego aplastarles.

---

[92] https://www.revistavanityfair.es/

Lo que hizo fue ajustar el *feed*[93] para incorporar noticias generales y reformó el producto para que se viera el titular y la firma del autor. A mediados de 2015 había sobrepasado a *Google* y ya tenía más lectores que *Twitter*.

Pero esto acabó volviéndose en contra de la imagen de Facebook, sobre todo durante las elecciones presidenciales de 2016 en EE.UU. que, según muchos analistas, favoreció el triunfo de que *Donald Trump*[94].

El 9 de enero de 2011 empezó a circular un rumor en la red en el que se aseguraba que *Facebook* cerraría el 15 de marzo. Este tuvo su origen en una información de la cadena CNN, "El principio del fin", referido al análisis de la inversión de *Goldman Sachs* y que fue mal interpretada.

China tiene sus propias redes sociales, controladas por el gobierno. En el año 1996, el Ministerio de Seguridad Pública de China creó el proyecto "Escudo Dorado"[95],

---

[93] Canal de información
[94] https://cronicaglobal.elespanol.com/vida/manual-inventa-difunde-noticia-falsa_159761_102.html
[95] https://rpp.pe/blog/geek-and-chick/ni-facebook-o-twitter-que-redes-sociales-usan-en-china-a-pesar-del-bloqueo-noticia-1079982

un filtro que impide el ingreso a contenido sensible, sobre todo, de corte político.

Su Facebook se llama *WeChat* y fusiona varias redes sociales occidentales. Contiene funciones similares a algunas de las redes sociales occidentales como *Instagram, WhatsApp, Uber*, o *Skype*, así como un sistema completo de monedero virtual.

Muchos ciudadanos chinos conectan su cuenta bancaria a esta aplicación para comprar cualquier producto o servicio. Incluso, algunas personas que piden limosna tienen una conexión con esta aplicación.

A través de códigos QR, cualquier persona puede transferir dinero a otras personas, comprar y pagar servicios. Está disponible en más de 20 idiomas y tiene unos mil cien millones de usuarios.

¿Podemos considerar Internet, en su conjunto, como el QUINTO PODER?

Ignacio Ramonet, nos dice: "Periodistas, universitarios, militantes de asociaciones, lectores de diarios, oyentes de radios, telespectadores, usuarios de Internet, todos se unen para forjar un arma colectiva de debate y de acción democrática. Los globalizadores habían declarado que el siglo XXI sería el de las empresas globales; la asociación *Media Watch Global* afirma que será el siglo en el que la comunicación y la información pertenecerán finalmente a todos los ciudadanos"[96].

8.5.   *Rumores tecnológicos*

Los rumores tecnológicos comienzan con la tecnología misma. Partimos de la base que la tecnología se ocupa de fabricar objetos que mejoren nuestra calidad de vida. Por tanto, existe desde los principios de la civilización humana.

La agricultura, el fuego, la rueda, la brújula, las armas de fuego, la máquina de vapor, los ordenadores, Internet, los teléfonos inteligentes... todo forma parte de la tecnología.

Si nos centramos en los rumores tecnológicos del siglo XXI, debemos recordar el caos que muchos agoreros

---

[96] http://www.lemondediplomatique.cl/2003/10/el-quinto-poder

predijeron en el cambio de siglo: el primer día de enero del año 2000, los cajeros dejarían de funcionar, al igual que los ordenadores, los teléfonos móviles y cualquier otro aparato que se moviera a través de software.

Sin embargo, el "efecto 2000" no terminó con nuestra civilización, a pesar de los muchos rumores, bulos y *fake news* que algunas personas se encargaron de difundir a través de todos los medios de comunicación existentes.

Nos vamos a 2005 cuando el 18 de agosto, en su estupendo blog "Error 500"[97], Antonio Ortiz empezaba un post haciéndose la siguiente pregunta:

"¿Qué querrá hacer *Google* con una compañía pequeña y semidesconocida como *Android* dedicada a fabricar software para teléfonos móviles?"

El texto continuaba hablando de cómo podría estar planeando *Google* una incursión en el mundo móvil.

Fue el pistoletazo de salida a meses de especulaciones que se convirtieron en rumores un año después cuando, a finales del 2006, se empezó a hablar de un hipotético

---

[97] https://www.error500.net/

Google Phone. Sin embargo, acabaron lanzando un sistema operativo (*Android*) en lugar de un teléfono móvil.

En aquellos años, el sector de telefonía móvil estaba dominado por *Symbian*. Y aunque se rumoreaba que empresas como *Apple* podría estar preparándose para lanzar un móvil, pocos podían imaginar la revolución que se nos venía encima con la llegada de iOS y *Android*.

A finales del año 2009[98], volvieron a aparecer en diversos medios estadounidenses que *Google* iba a sacar al mercado un teléfono móvil. Resultaría mucho más barato para el usuario porque el teléfono realizaría las llamadas a través de *Google Voice* y muchas llamadas serían gratuitas.

Google vendería el móvil directamente al usuario, porque ninguna operadora iba a subvencionar un móvil que sólo utilizaría una tarifa plana de internet.

En 2010, *Google* lanzó su primer smartphone llamado *Nexus One*, pero no era tan barato como se presumía[99].

---

[98] https://www.xatakamovil.com/futuro/vuelven-los-rumores-sobre-el-telefono-de-google

Los principales rumores tecnológicos de 2011 estaban relacionados con tres grandes compañías del sector: Apple, Microsoft y AMD.

Steve Jobs, CEO de Apple, dio un paso al lado en la gestión diaria de la compañía para tratarse una grave enfermedad. No era la primera vez, pero los rumores hicieron que las acciones de la empresa bajaran tres puntos. En este caso concreto, el controvertido diario *"National Enquirer"*, publicó que a Jobs le quedaban seis semanas de vida. Fue visto saliendo del Centro de tratamiento para el Cáncer de Stanford.

El segundo rumor se relacionaba con la alianza estratégica de Microsoft con Nokia. Mientras que en Finlandia, los accionistas de Nokia se declararon en guerra y los sindicatos amenazaron con reclamar compensaciones millonarias para las personas despedidas en la reestructuración posterior, el rumor de que en la sede central de Microsoft, ubicada en la ciudad de Redmond (Condado de King, Estado de Washington) estarían listos para desmantelar los servicios y dispositivos Zune.

---

99 https://www.movilzona.es/google/

Para los más jóvenes y los menos tecnológicos, hay que explicar que Zune era la marca de medios digitales desarrollado por Microsoft. Incluía una línea de reproductores multimedia portátiles (en competencia directa con el iPod de Apple), un servicio de suscripción de música (Zune Music Pass), música y servicios de *streaming* de vídeo para la Xbox 360 y el reproductor de medios de Windows Phone.

La respuesta de Microsoft se dio por el canal de Zune en Facebook, donde garantizaron que todos los servicios y dispositivos Zune seguirán siendo soportados. En octubre de 2011, anunció que abandonaba el hardware Zune y animaba a los usuarios a migrar a sus teléfonos *Windows Phone*, que trataban de competir con los iPhone.

El tercer y último rumor de 2011 tuvo que ver con la salida de *Dirk Meyer* como máximo responsable de AMD. Las acciones de AMD se dispararon el 4% ante el rumor de que Dell, el segundo fabricante de ordenadores más importante del mercado, podría comprarla. El valor de la compra ascendería a unos 6.500 millones de dólares.

Desde *Facebook* también se han promovido toda clase rumores. En 2012, se publicó en "La Vanguardia"[100] una noticia en la que se afirmaba que esta red social generalista estaba a punto de sacar al mercado un teléfono inteligente junto a la empresa china HTC. A pesar de que Mark Zuckerberg aseguraba que no tenía mucho sentido, el rumor circuló durante semanas por la red.

De momento, parece que no se deciden debido a una serie de problemas técnicos que solo los entendidos son capaces de comprender (entre los cuales, no me encuentro).[101]

Facebook entró en crisis en febrero de 2016. Fue entonces cuando el cuarto poder se percató que tanto esta red social como Google se habían hecho con el mercado de los anuncios digitales, lo que amenazaba el periodismo tradicional.

Zuckerberg se vio obligado a ofrecer un acuerdo a los medios de comunicación, por lo que sus ingenieros

---

[100] https://www.lavanguardia.com/tecnologia/20120730/54332030576/el-recurrente-rumor-sobre-el-telefono-de-facebook.html
[101] https://www.xataka.com/moviles/el-smartphone-de-facebook-tiene-muy-dificil-el-me-gusta

empezaron a pensar cómo las editoriales de la prensa escrita podían ganar dinero con Facebook.

Pero el periodismo ético no era una preocupación en la compañía. En agosto de 2018, los periodistas de *Trending Topics* (temas que marcan tendencia) fueron reemplazados por ingenieros que desarrollaron un algoritmo, a partir del cual se empezaron a publicar noticias falsas para captar más publicidad.

La compañía de *Mark Zuckerberg* se posicionó en una zona oscura: por una parte intentaba contrarrestar la falsedad de los contenidos que publicaba y por otro, internamente, se tomaban decisiones para el crecimiento de la compañía, en detrimento del periodismo y en beneficio de la desinformación.

Para mejorar su responsabilidad social e imagen exterior, *Facebook* comenzó a poner en marcha centros de control de noticias falsas en distintas ciudades del mundo.

En opinión del investigador de Harvard, *Panagiotis Takis Metaxas,* Facebook que es mucho más influyente en la difusión de información falsa que Twitter, no ha dado facilidades a los investigadores para proporcionar datos sobre la viralización de bulos y rumores a través de las redes sociales.

Y añade: "Facebook se ha visto comprometido una y otra vez, y ellos tienen la mayor parte de la responsabilidad de la propagación de mentiras en su plataforma"[102].

Quizá por ello, alquiló en Barcelona[103] nueve mil metros cuadrados en la Torre Glòries (anteriormente, Torre Agbar). Ocho pisos en los que trabajan unos 500 empleados para borrar noticias falsas, atender denuncias realizadas por usuarios acosados y cualquier otro tipo de malas prácticas.

Este centro de revisión de contenido en Barcelona se une a otros que ya trabajan para combatir las informaciones falsas, como los de Dublín, Hyderabad, Austin, Menlo Park y Viena.

También por *Twitter* circulan bulos y rumores diariamente. La propagación de un rumor en esta red social se caracteriza por tener una o más "cascadas",

---

[102] https://elpais.com/elpais/2018/03/08/ciencia/1520470465_910496.html
[103] https://www.elperiodico.com/es/barcelona/20180507/fotos-nueva-sede-facebook-barcelona-torre-agbar-6805538

que se definen como patrones en la expansión viral de bulos que tienen un origen común.

Los ámbitos más recurrentes son, ordenados de mayor a menor, los siguientes: política, leyendas urbanas, negocios, ciencia-tecnología, y entretenimiento[104].

A raíz del atentado del maratón de Boston, un equipo de investigadores del MIT comenzó a estudiar el efecto real de los propagación viral de los bulos y rumores por Internet. Sus conclusiones fueron publicadas por *Science* en 2018 y apuntan a que las informaciones falsas se difunden mucho más rápido y más ampliamente que las verdaderas en todas las categorías de información, sobre todo, para noticias de ámbito político.

Por ejemplo, la expresión inglesa *fake news* (noticias falsas) se hizo muy popular en 2016. Este término se utilizó mucho durante las elecciones americanas, un proceso electoral seguido por millones de personas en todo el mundo.

Las personas que redactaban noticias falsas comprendieron que podían ganar mucho dinero si

---

[104] https://elpais.com/elpais/2018/03/08/ciencia/1520470465_910496.html

escribían sobre las elecciones, porque era un tema muy buscado y compartido en la red. Y cuanto más inverosímiles eran las historias, más se compartían.

Estos son algunos de los titulares que más se compartieron en las redes sociales y que algunos medios tomaron como ciertas:

- El Papa Francisco sorprende al mundo y apoya a Donald Trump[105].

- El líder de ISIS llama a los musulmanes americanos a votar a Hillary Clinton[106].

De media, las informaciones falsas reciben un 70% más retuits que las veraces, es decir, que los usuarios ayudan a multiplicar su difusión al compartirlas entre sus seguidores.

Analizando 126.000 afirmaciones difundidas en Twitter entre 2006 y 2017, los investigadores concluyeron que las mentiras triunfan más que la verdad porque suelen

---

[105] https://www.independent.co.uk/news/uk/politics
[106] https://www.lavanguardia.com/vida/junior-report/20170606/423228257931/fake-news-noticias-falsas-redes-sociales-twitter-facebook.html

provocar más emociones negativas, como temor e indignación o neutras, como sorpresa.

Se trata del estudio más importante sobre la difusión *online* de bulos y rumores, con datos y financiación proporcionados por *Twitter*.

Los investigadores se centraron en informaciones que habían sido contrastadas por plataformas de verificación, como *Snopes* y *Politifact*, para poder comparar el recorrido que realiza por *Twitter* una noticia falsa frente a otra que se había comprobado como cierta.

La difusión de falsedades se vio favorecida por su viralidad, al contagiarse entre iguales. En el otro extremo, a las afirmaciones veraces analizadas les llevó seis veces más tiempo alcanzar a 1.500 personas que a los bulos y rumores.

Las mentiras relacionadas con la política se comparten más: de media, alcanzan a más de 20.000 personas. También llegan mucho más rápido de lo que tarda el resto de las noticias falsas en llegar a la mitad de los destinatarios (diez mil).

Los usuarios que difunden noticias falsas suelen tener cuentas con pocos seguidores y siguen también a pocas personas, son menos activos y llevan menos tiempo en Twitter que aquellos que difunden información veraz.

Con relación a los *bots*, cuentas automatizadas cuyo propósito es engañar o generar confusión, las conclusiones del estudio apuntan a que los robots aceleraron la difusión de noticias verdaderas y falsas al mismo ritmo, lo que implica que las noticias falsas se extienden más que las verdaderas porque los humanos, no los robots, tienen más probabilidades de propagarlas.

Según el investigador de Harvard Panagiotis Takis Metaxas[107], las personas preferimos creer lo que confirma nuestras creencias actuales. Cambiar de opinión es una tarea que requiere mucha energía, por lo que procuramos mantener lo establecido, incluso con evidencias que contradicen nuestra escala de valores, sobre todo, si pertenecen a la conducta atávica.

Este trabajo en *Science* va en sintonía con el propósito de enmienda manifestado por Twitter, por el uso que se

---

[107] https://crcs.seas.harvard.edu/people/panagiotis-takis-metaxas

ha dado a esta plataforma para la manipulación política. Desde noviembre de 2016 se ha venido demostrando su uso para desinformar a través de ideas extremistas y mensajes polarizadores. En algunos casos, de forma deliberada para engañar a la población, intoxicar la conversación pública y manipular procesos electorales en EE. UU., Alemania, Francia, Reino Unido y España.

Tras la presión recibida, *Twitter* aseguró que abriría sus puertas a la colaboración con expertos externos para mejorar su transparencia.

TECNOLOGÍAS EMERGENTES en 2015

El Consejo de Tecnologías Emergentes del Foro Económico Mundial, formado por un panel de 18 expertos, elaboró un listado de las principales tecnologías emergentes. Algunas se han desarrollado, otras continúan agazapadas esperando su oportunidad. Todas ellas dieron lugar a rumores, bulos y noticias falsas.

Nos estamos refiriendo a la pila de combustible, la robótica, la clonación, la fabricación aditiva, los drones, la tecnología neuromórfica y el genoma digital. Veamos cada una de ellas.

PILA DE COMBUSTIBLE

Una de las que continúan hibernando es la tecnología de pila de combustible para los vehículos a motor. A pesar de todas sus ventajas, los fabricantes de automóviles no se han decidido por este sistema basado en gas de hidrógeno comprimido.

En 1994 DaimlerChrysler presentó la primera generación del NECAR (acrónimo de *New Electric CAR*), un laboratorio rodante sobre la base de furgoneta MB-100, que sólo pretendía mostrar la viabilidad de un vehículo con pila de combustible. Cinco años después nació el NECAR 4[108], un coche eléctrico movido por pila de combustible de hidrógeno basado en un Mercedes Clase A, que estaba listo para entrar en producción y comercializarse.

El primer modelo comercial, el NECAR 5, estaba previsto para 2004. Klaus-Dieter Vöhringer, responsable del departamento de I+D, afirmó que para que la infraestructura de abastecimiento de hidrógeno creciera y fuese rentable, era necesario que en los seis años siguientes al lanzamiento, las ventas de vehículos

---

[108] https://www.hibridosyelectricos.com/articulo/tecnologia/tecnologia-pila-hidrogeno-lista-transporte-pesado-es-baza/20190722133930029184.html

de hidrógeno creciera lo suficiente para que la inversión realizada de 1.226 millones de euros comenzara a ser rentable.

Pero esta previsión no se cumplió y los vehículos de pila de combustible de hidrógeno son, en la actualidad, un nicho de mercado muy pequeño.

Si bien la tecnología de las baterías de los coches cien por cien eléctricos está empezando a superar los obstáculos de autonomía y velocidad de carga, los vehículos de transporte más grandes como los camiones o los trenes están todavía lejos de poder recurrir a ellas para ser económicamente viables.

Para los expertos, este es su campo de aplicación más probable y también más rentable. Un ejemplo de ello son las 27 unidades del Coradia iLint 54 de Alstom que reemplazarán en 2022 a las actuales unidades diésel de la compañía ferroviaria alemana RMV.

En Reino Unido, se ha dado luz verde al HydroFLEX, el primer tren de hidrógeno que se probará en condiciones reales.

ROBÓTICA

La robótica sí que ha desarrollado en los últimos cinco años, junto a la Inteligencia Artificial y a la Realidad Aumentada. Estas disciplinas tecnológicas están todavía rodeadas de un halo misterioso para los no iniciados (entre los cuales me encuentro). Nuestras casas, aulas y tiendas se transformarán, pero no tenemos claro en qué.

¿Sustituirán los robots a los humanos en las tareas más repetitivas? Ya lo están haciendo desde hace décadas en sectores como el automovilístico y el logístico. Tengamos en cuenta que estos humanoides (robots con forma humana) o cobots (brazos mecanizados) trabajan 24 horas diarias, siete días a la semana, 365 días al año. No protestan (de momento) y su plazo de amortización es menor cada año que pasa. La tecnología sigue avanzando, aunque algunas personas se empeñen en ralentizar ese avance.

CLONACIÓN

La clonación permite tomar genes de virus, bacterias, animales, plantas y humanos para combinarlos, gracias a la ingeniería genética. Ya disponemos de técnicas que permiten "editar" directamente el código genético de las plantas para hacerlas más nutritivas o resistentes a un clima cambiante, donde las estaciones tradicionales se desdibujan.

Desde la clonación de la oveja Dolly en 1997[109], en el Instituto Roslin de Edimburgo, los experimentos se han sucedido en diversos laboratorios repartidos por todo el planeta. ¿En qué desembocará todas estas investigaciones? No lo sabemos, pero los rumores, bulos y noticias falsas están servidos.

FABRICACIÓN ADITIVA

La fabricación aditiva a partir de impresoras 3D sí que se ha desarrollado durante los últimos años, dando lugar a una gran variedad de "construcciones" que han abierto muchas posibilidades de negocio. Por ejemplo, en la construcción de elementos de protección durante la pandemia del COVID-19[110].

DRONES

---

[109] https://elpais.com/diario/1997/02/25/sociedad/856825222_850215.html

[110] https://www.elmundo.es/motor/2020/04/04/5e886515fc6c83531d8b460b.html

Los drones o vehículos aéreos no tripulados son robots que operan en tres dimensiones en lugar de dos. Comenzaron a utilizarse con fines militares, en agricultura, rodaje de películas, logística y transporte, pero son pilotados por humanos de forma remota. La tecnología permitirá que comiencen a asumir tareas peligrosas para los humanos, tales como:

- Entregar suministros médicos en casos de emergencia.
- Comprobar líneas de alto voltaje
- Recoger muchos datos, transformarlos en información y procesarla para tomar decisiones adecuadas. Por ejemplo, en la agricultura optimizar el uso de fertilizantes y riego.

TECNOLOGÍA NEUROMÓRFICA

La tecnología neuromórfica estudia la red neuronal del cerebro humano para aplicarla a las máquinas. Los ordenadores tradicionales son lineales porque se limitan a mover datos entre los procesadores de memoria y el procesador central a través de una red de alta velocidad.

En cambio, los procesadores neuromórficos tratan de procesar la información imitando la arquitectura del cerebro humano con el propósito de incrementar la capacidad de pensamiento y respuesta de un ordenador. Combinando partes de almacenamiento y de procesamiento de datos en módulos interconectados, este tipo de procesadores ofrecen mayor potencia y mejor eficiencia energética.

GENOMA DIGITAL

Por último, hablaremos del genoma digital. Hoy en día, es posible secuenciar y digitalizar un genoma en pocos minutos. Los resultados se pueden entregar en una memoria USB y compartirlos por Internet. Esto permite un cambio en la asistencia sanitaria, al permitir una atención más personalizada y eficaz.

Muchas enfermedades relacionadas, como el cáncer o las coronarias, tienen un componente genético y esta digitalización permitirá a los médicos tomar decisiones sobre el tratamiento de sus pacientes y personalizarlos en función de su información genética.

9.   Caso práctico "Rumor en la organización"

Durante las dos últimas semanas circula un rumor por la empresa. Parece que vamos a fusionarnos con otra compañía ubicada en otra provincia que tiene una planta de producción parecida a la nuestra.

Se calcula que un tercio de la plantilla de producción sobra. Este hecho está afectando al rendimiento del personal de este departamento, ya que se dice que la dirección va a sugerir que algunos operarios de producción cambien a Comercial si quieren conservar el puesto de trabajo. Lo más importante a partir de ahora será vender, no producir.

Usted, Jefe de Sección en producción, habla con su Jefe directo (el Director de Producción) y éste le dice que no se preocupe, que son rumores, pero usted no las tiene todas consigo y su personal no deja de acosarle a preguntas.

El clima de malestar en su sección se incrementa por días y usted no sabe qué debe hacer para que todo vuelva a ser como antes.

A continuación se le presentan una serie de alternativas que usted debe priorizar, según las pautas sugeridas anteriormente.

A) No hacer nada. Si dejamos que pase la tormenta, se olvidará el rumor.

B) Hacer que desmientan el rumor las personas que lo iniciaron.

C) El Director de Producción organiza una reunión con los Jefes de Sección y les explica la situación. Después, cada uno de ellos, deberá transmitir esa información a su equipo.

D) Reunir a todo el personal de Producción y explicar la situación.

E) Poner en el Tablón de Anuncios un comunicado a todo el personal firmado por el máximo responsable de la empresa, en el que se diga que, a corto plazo, no van a haber cambios.

F) Iniciar un contrarumor a través de un líder de opinión que empiece a desmentirlo.

G) Contrarrestar el rumor organizando reuniones informales para explicar la situación real.

H) Otras (especificar)

Para analizar este tipo de rumores y tomar la decisión más adecuada, es conveniente utilizar el sentido común y comenzar eliminando lo que NO debemos hacer. A cada empresa le puede convenir una solución distinta, pero a la gran mayoría no le convendrán las mismas opciones, por ejemplo, hacer que desmientan el rumor aquel o aquellas personas que lo iniciaron.

Las opciones C y D no parecen malas, pero también dependerá del estilo de comunicación interna formal de cada empresa. Si, normalmente, no se utilizan estos cauces no es aconsejable para tratar un asunto tan delicado.

10.   Conclusiones

- La fórmula del rumor es INTERÉS X AMBIGÜEDAD. Puede intervenir la IMPORTANCIA como tercer factor, pero es más subjetivo, ya que lo interesante para el grupo en que se inicia el rumor, no tiene por qué ser importante para otros grupos.

- La ambigüedad es el único factor que siempre está presente en los rumores.

- Los rumores son una forma habitual de comunicación colectiva en los que se dispersa información confusa e interesante para un conjunto de personas determinado.

- Los bulos y rumores pueden actuar como cohesionador de grupos sociales. Por ejemplo, todos los seguidores de "Operación triunfo" o de "Supervivientes" conforman un grupo homogéneo que sigue diariamente con interés todo lo que ocurre en la Academia o en la isla donde los protagonistas de este "gran hermano" conviven.

- Los rumores sobre personas o grupos de ellas, los estereotipos y los prejuicios están íntimamente relacionados.

- El rumor se transmite de forma ramificada, no lineal.

- "Nunca se le tira piedras al árbol que no da frutos". Ante un rumor malintencionado sobre una persona conocida, lo más sensato es adoptar una actitud de corte. Si el rumor es sobre uno mismo, es mejor no hacer caso.

- Los periodistas tienen una gran responsabilidad a la

hora de verificar la información antes de difundirla, tanto en prensa, radio, televisión o a través de herramientas digitales.

- Debemos actuar proactivamente contra la normalización de los bulos y rumores.

- Los grandes grupos empresariales de medios de comunicación, como cuarto poder, son fundamentales a la hora de informar o desinformar a la sociedad.

- Internet, como quinto poder, está multiplicando la velocidad de expansión de bulos, rumores y noticias falsas.

11.   Para saber más

- Abril-Ruiz, Ángel (2019). *Manzanas podridas. Malas prácticas de investigación y ciencia descuidada.* Ensayo Divulgación Científica.

- Allport, Gordon – Postman, Leo (1973): *Psicología del rumor.* Editorial Psique.

- Amorós, Marc (2018): *Fake news. La verdad de las noticias falsas*. Plataforma.

- Escobar, Guillermo (2002): *El estatuto de los periodistas*. Ed. Tecnos

- Froissart, Pascal (2010): *La rumeur*. Bellin col.

- Gámez, Rosalinda (2007): *Comunicación y cultura organizacional en empresas chinas y japonesas*. Edición electrónica gratuita. Texto completo en www.eumed.net/libros/2007a/221/

- Gavilán, Francisco (2004): *Lenguas de doble filo*. EDAF

- Kapferer, Jean-Noël (1989). *Rumores. El medio de difusión más antiguo del mundo*. Plaza y Janés. Colección Hombre y Sociedad.

- Mazo, María Elena (1996). *El rumor y su influencia en la cultura de las organizaciones. Una investigación teórica y bibliográfica*. Tesis doctoral. Universidad Complutense de Madrid.

- Película *"Rumores y mentiras"* (2010)

- Pescador, Mercedes-Ojalvo, Alicia- Orihuela, Carolina (2018). *Comunicación responsable*. Luna Nueva Editorial.

- Punset, Eduardo (2005): *El viaje a la felicidad*. Ediciones Destino

- Rosnow, Ralph L. (1991): *Inside Rumor. A personal Journey*. American Psychologist, Volumen 46.

- Uña, Octavio – Hernández, Alfredo (2004). Diccionario de sociología. ESIC editorial.

www.ingramcontent.com/pod-product-compliance
Lightning Source LLC
Chambersburg PA
CBHW030646220526
45463CB00004B/1651